肉の本

今夜は、お肉を食べよう。

行正り香

扶桑社

はじめに

　実家に帰って母から「なにが食べたい？」と聞かれたら、私や妹は必ず「ハンバーグ！」と答えます。牛ひき肉と豚ひき肉を２：１の比率でつくったレシピは、何十年も愛されるわが家の伝統レシピです。一般家庭であった私たちの生活は、お肉といっても、ひき肉や薄切り肉が中心。高校のときにアメリカに留学するまで、かたまり肉がスーパーで売っていることも知りませんでした。

　スペアリブにスパイスをふってバーベキューをする、厚さが４cmもあるステーキを焼く、２kgの牛すじ肉を大きな鍋で１日かけて煮込む――そんなシーンは、まるで映画の世界のようでした。また、お肉そのものだけでなく、あらゆるお肉料理に合わせて、異なったワインの品種を選ぶシーンも別世界を見ているようでした。「今日はフィレのステーキだから、ピノ・ノワールを開けよう」「これは脂ののったリブアイだから、カベルネを合わせよう」といったやりとり。

　私の頭の中には「牛肉、豚肉、鶏肉」の３種類で、その先には「ひき肉、薄切り肉」という分類だけ。でも、牛肉にも豚肉にも部位があり、その部位に合わせ、かたまり肉で料理をして、さらに料理に合わせたワインまで選ぶというのは、新しい肉文化との出合いでした。

　数年前に、米国食肉輸出連合会（USMEF）という、アメリカン・ミートを紹介する団体からレシピ開発のお仕事をいただきました。年を重ねるごとに肉という食材に興味がわいてきた時期で、牛肉や豚肉の「部位ごとの特性を知り、調理法を考える」というお仕事は、私に肉の奥深さを教えてくれるきっかけとなりました。

　たとえば豚ロース肉のオーブン焼きなら、120℃、150℃、160℃と温度を変えるとジューシーさが変化する。同じステーキを焼くにしても、サラダ油、オリーブオイル、バターで味が変わる。使う塩によってもうま味が変わる。お肉という食材をテーマに、さまざまな試行錯誤をするうちに、この本でご紹介するレシピができ上がっていきました。

　さらには、そのお仕事との出合いがきっかけとなり、東京・新橋にアメリカン・ビーフとカリフォルニアワインをお出しするステーキレストラン『FOOD DAYS』をオープンすることになりました。

　お肉は、その部位の違いに興味をもったときから、本当のつき合いが始まる気がします。今まで何も考えずに手にしていたスーパーのお肉も、部位を替えて調理するだけで味が変わり、食卓が変わり、ある意味、食生活が変わります。お肉のお仕事を通じて、私の日々の食生活が豊かになったように、みなさんの「肉ライフ」も、ちょっぴり変化があったらうれしいなぁと思います。

＊アメリカン・ミートのホームページには、動画のレシピもあります。ぜひ、ご活用ください。
www.americanmeat.jp

CONTENTS

2 はじめに

6 牛肉の部位と料理

8 豚肉の部位と料理

PART 1
行正り香の肉レッスン

14 ポンドステーキ

16 オーブンハンバーグ

18 ジューシー豚しょうが焼き

20 2ステップとんかつ

22 やわらかミートボール

PART 2
牛肉のレシピ

28 ローストビーフ

30 ローストビーフサンド

31 ローストビーフの手巻きずし

32 ヤムヌア

33 きのこピラフのステーキのせ ビビンバ

34 おうち焼き肉

35 やわらかバーベキュー

36 本格プルコギ

37 牛肉のピリ辛みそ炒め

38 オール1のビーフシチュー

39 グーラーシュ

40 ビール煮

41 トマトココナツミルクカレー

42 天ぷら粉フライ

43 牛丼

44 すき焼き

45 火鍋

46 いも煮鍋

47 牛肉きのこ鍋

PART 3
豚肉のレシピ

- 52　120℃ローストポーク
- 54　ポークアボカドチーズグリルサンドイッチ
- 55　ローストポークのツナソースがけ
    　　ローストポークとじゃがいものグラタン
    　　ローストポークと豆のさっと煮スープ
- 56　ハーブロール ロースト
- 57　やわらかチャーシュー
- 58　バラ肉のはちみつ焼き
- 59　ポークリブのガーリックしょうゆ焼き
- 60　ポークステーキ
- 61　トンテキ
- 62　トマトとチーズのジューシーカツレツ
- 63　ポークのミルク煮
- 64　チリコンポーク
- 65　ポークリブの白ワイン煮
- 66　ポークリブの韓国風煮込み
- 67　サムギョプサル
- 68　豚の角煮
- 69　やわらかしゃぶしゃぶ
- 70　トンから揚げ
- 71　ちまき風炊き込みご飯
- 72　ポークリブと大根のさっぱり煮
- 73　ごろごろ野菜の豚汁
- 74　かごしま風豚鍋
- 75　ごま油風味のきのこ鍋
- 76　洋風ポーク鍋

PART 4
FOOD DAYS のレシピ

- 78　FOOD DAYS のステーキ
- 80　スパニッシュオムレツ
- 81　ハーブサラダ
- 82　いんげんとマッシュルームのサラダ
    　　季節野菜のピクルス
- 84　野菜グリル
- 85　マッシュポテト
- 86　トマトクリームパスタ
- 88　ボロネーゼ
    　　きのこのパスタ

- 94　おわりに

COLUMN
- 10　肉のおいしさは塩加減と火入れ加減で決まる
- 12　お肉の買い方を見直してみると、
    　　料理も時間も有意義に
- 24　肉料理の献立、どうしてる？
- 26　肉料理でおもてなしするのは楽しいもの
- 48　肉料理に合うワイン選び
- 50　おいしくてコスパがよいのは
    　　「新世界」のワイン
- 90　私とアメリカン・ミート

＊計量単位は、1カップ＝200cc、大さじ1＝15cc、
　小さじ1＝5cc、1合＝180ccです。
＊材料の分量(g)は正味量です。電子レンジ加熱の際はとくに
　g数を合わせてください。
＊電子レンジの加熱時間は、出力600Wを基準にしています。
　500Wの場合は1.2倍、700Wの場合は0.8倍を目安に加減してください。
　機種によって多少差があります。
＊電子レンジやオーブントースター、オーブンで加熱する際は、
　付属の説明書に従って、高温に耐えられる耐熱ガラスの皿や
　ボウルなどを使用してください。
＊フライパンは直径24〜26cmのものを使用しています。

BEEF Beef Beef
牛肉の部位と料理
BEEF Beef Beef

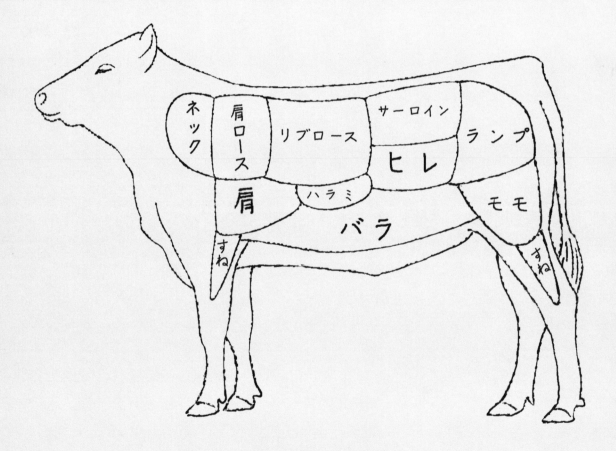

知っているようで知らない牛肉の部位。
ロースやハラミってどの部分？　味はどう違うの？
肉質や適した調理法を知り、その特徴を生かした
おいしさを味わえば、もっと牛肉料理が好きになるはずです。

肩ロース

ロース全体の先端にあたる部位で、やわらかく適度に脂肪がのっているのが特徴。かたまりで調理するローストビーフからシチューやカレーなどの煮込み、焼き肉やしゃぶしゃぶなどまで幅広く利用できます。

リブロース（リブアイ）

肩ロースとサーロインの間、ロースの真ん中のもっとも肉厚な部分。脂肪が多くて霜降りになりやすく、肉質はきめ細かくてやわらかなので、ステーキやすき焼きなどの肉自体を味わう料理に適しています。

サーロイン

「サーロインステーキ」で知られる、牛肉の代表的な部位。背肉の部分に位置し、筋肉が少ないのでやわらかくて甘味があり、ジューシーな霜降りが多いのが特徴。赤身なら縦に1cm厚さに切って食べるのがおすすめ。

バラ

あばら骨周辺の部位。肉質はきめが粗くかためで、赤身と脂肪が層になっており、味は濃厚。カレーやシチューなどの煮込み料理のほか、薄切りにしたものは「カルビ肉」として焼き肉に用いられています。

ハラミ

横隔膜の筋肉の部分で、分類としては、ない内臓肉にあたりますが、やわらかく、赤身肉に近い食感。バラやロースなどに比べて脂肪分が少なくヘルシーで、焼き肉のほか、フライなどにも適しています。

モモ

脂肪の少ない赤身の部位。「うちモモ」と「そとモモ」があり、うちモモはやわらかく味もよく、肉質が均一のかたまりがとれるので、ローストビーフなどに。そとモモは少しかためのため、煮込み料理に向いています。

ヒレ

サーロインの内側に位置し、もっともやわらかい肉質で、きめも細かい。脂肪が少ないので、ステーキや牛カツなどの油で焼いたり、揚げたりする料理に使うのがおすすめです。

ランプ

腰からモモにかけての大きな赤身肉で、きめが細かく、風味もあってやわらか。適度な脂肪で、ステーキのほか、ローストビーフやたたきなど、ほとんどの料理で利用できます。

PORK Pork Pork PORK Pork Pork

豚肉の部位と料理

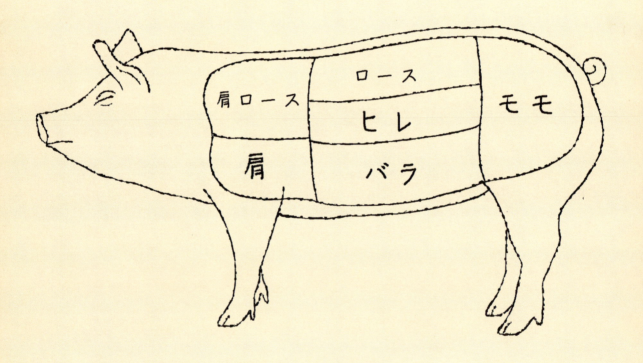

赤身と脂身のバランスがカギを握る豚肉。
たとえば同じとんかつでも、使う部位でまったく味が違ってきます。
それぞれの特徴を知って上手に使い分けることで、
豚肉料理がよりおいしく楽しめるようになりますよ。

肩ロース

ロースとつながった肩寄りの部分。赤身の中に脂肪が網目状に広がり、コクがあって豚肉特有の濃厚な味わいが楽しめます。焼く、煮る、揚げる、炒めるなど、どんな調理にも合い、幅広く使える部位です。

ロース

背中の中央部分の部位。きめが細かくてやわらかく、赤身と脂身のバランスがいいのが特徴です。ふくよかなうま味があるのでしゃぶしゃぶやとんかつ、ポークソテー、ローストポークのような料理に適しています。

バラ

胴のおなか部分の肉で、脂肪と赤身が三層になっているため、「三枚肉」とも呼ばれます。脂肪の割合が多く、長時間火をとおしてもジューシーさが残るので、角煮などの煮込み料理や焼き肉に最適です。

ポークリブ

リブとは肋骨のこと。おなか側の骨つきバラ肉は「スペアリブ」と呼ばれ、適度な脂肪があってバーベキューや煮込み向き。「バックリブ」は背中側の骨つきロース肉で、スペアリブよりも脂肪が少なく、さっぱりしています。

ヒレ

ロースの内側に位置し、豚一頭から全体の2％ほどしかとれない希少な部位。豚肉のなかでもっともきめが細かくてやわらかく、脂肪分も少ないのでさっぱりとしてヘルシー。とんかつや串揚げなど、油を使った料理に向いています。

モモ

赤身の代表的な部位で、脂肪が少なくあっさりとした味わいが特徴。「うちモモ」はきめが細かくてやわらかく、かたまりのまま焼き豚などに。「そとモモ」は肉質がややかためなので、薄切りやこま切れにして使うのに適しています。

肉のおいしさは
塩加減と
火入れ加減で
決まる

　どうしたら肉料理をおいしくつくれるの？とよく聞かれます。

　大切なのは、まず塩。使う塩によって料理の味は格段に変わります。精製塩も含めていろいろな選択肢がありますが、おすすめは自然塩(天然の塩)。そして塩加減はお肉の重量の1％というのが、私の長年の調理経験のなかで「味が決まる」と感じた分量です。これはあらゆるメニューに使える万能ルール。

　そして、大事なのが火入れ加減。お肉の扱いに慣れていないと、どうしても火をとおしすぎる傾向がありますが、煮込み料理は別として、焼く、揚げる、ゆでるなどの調理法では「ぎりぎりの火入れ」がお肉のうま味や、やわらかさを引き出します。厚切り肉やかたまり肉はカットしたときの内面の色が、牛肉ならロゼ、豚肉ならローズピンクに仕上がっているのがベスト。まずは一度レシピどおりにつくってみましょう。そのうえで火入れが足りなければ長めに、加熱しすぎたと感じたら短めにと、体験を重ねることが、おいしさへとつながります。

肉は必ず室温に戻して使う

肉は、必ず調理前に室温に戻しておきます。冷蔵庫から出してすぐ調理すると肉の外側と内側の温度差が大きく、火のとおりが均一になりません。かたまり肉なら、調理の30分から1時間前には出しておきましょう。

塩は自然塩を使うとうま味が違う

自然塩には塩分だけでなく、うま味があるため、肉の味わいを引き立てます。さらに塩にもっとこだわっていくと、味が違うことも発見できます。いろいろな塩を試してみて、お気に入りを見つけてみてください。

塩加減は肉の重量の1％

500gの肉であれば、塩加減は5gがおいしいルール。ただしオーブンなどで長時間火入れするときは途中で表面の塩が流れてしまうので、仕上がりの時点での塩分量が1％になるよう、しっかりめに塩加減します。

おすすめの塩

男鹿半島の塩

男鹿半島の塩は粒が大きく、口に入れるとふんわり、まろやかな食感。食材本来の味を引き立てるうま味が特徴。
¥520/200g　A

能登・わじまの海塩

清涼で滋味あふれる奥能登、輪島沖の海水を100％利用。低温で結晶化させているので、素材とのなじみがよい。
¥500/100g　B

粟國の塩

沖縄、粟國村近海から汲み上げた海水を1か月かけて結晶化。素材のうま味を引き出し、どんな料理とも合う。
¥630/250g　C

カマルグ フルール ド セル

「塩の花」と称される南仏産の海塩。自然なままのその繊細な結晶は、料理の仕上げに使うのに最適。
¥1100/125g　D

マルドン シーソルト

英国王室御用達の塩。ピラミッド型の結晶は塩の芸術品とも呼ばれ、かすかに広がる甘味が素材を引き立てる。
¥750/250g　E

サルフィオーレ

ローマ法王に献上するためにつくられていたイタリアの海塩。甘味が強く、粒も細かいので料理の仕上げなどに。
¥600/1kg　F

脂身の量で温度を変えて調理

肉の火入れは、常にぎりぎりでストップすることが大切です。この際、ヒレやロースなど脂身が少ない部位は、低温でじっくり火を入れることがポイント。バラなど脂身が多い部位は、かたくなりにくいので高温でもOKです。

圧力鍋があると料理の幅が広がる

圧力鍋があれば、かたまり肉も短時間でとろとろに。シチューなど、いつもなら何時間もかけてコトコト煮込んでつくる肉料理が驚くほどスピーディにできるので、心にも体にも余裕が生まれ、いろんな料理に挑戦できます。

オーブンを使いこなすのはシェフを1人雇うようなもの

オーブンほど便利な調理道具はありません。素材を下ごしらえしてオーブンに入れたら、あとはほったらかし。ほかのことをしている間に料理ができてしまうのですから、本当にラクチン。もっと気軽に使ってみてください。

A 男鹿工房 ☎0120-69-1140／B 美味と健康 ☎0768-22-0868／C 沖縄海塩研究所 ☎098-988-2160
D アルカン ☎0120-852-920／E 鈴商 ☎03-3225-1161／F アーク ☎03-5643-6444　★価格はすべて税抜き価格です

COLUMN

お肉の買い方を見直してみると、時間も料理も有意義に

みなさんは、お肉をどんなふうに買っていますか？ 特売日に買えれば安くていいけれど、働いていたり、子育てに忙しかったりすると、そうもいきません。また、かたまり肉や骨つき肉など、お目当てのお肉が店頭にはないこともあります。

私の場合は、24時間いつでも注文できるネットのお肉屋さんをよく利用しています。ときには、コストコのような大型店に足を運んだりもします。こうしたところなら種類も豊富で、良質なお肉がリーズナブルに手に入るので、一度に1kgとか2kg単位でまとめ買い。それを1回に使う量ごとに切り分けて、冷凍庫に常備しておくのです。そうすれば、雨の週末など、どこに出ることもなくごはんがつくれます。うちは買い物に行くこともなく、人をお招きしておもてなしすることもあります。

ちなみに、近所のお肉屋さんやスーパーで欲しいお肉が見当たらないときは、お店の人に聞いてみることをおすすめします。店頭には並んでいなくても、裏から出してきてくれることも少なくありません。そうしてお店の人と顔見知りになることで、便宜も図ってもらえます。スーパーのパック売りだけがお肉の買い方ではありません。自分に合った便利な買い方を見つけてくださいね。

PART 1
行正り香の肉レッスン

　だれからも好かれる定番料理って、大切です。なぜならば、忙しいとき、なにも考えたくないときに、すぐに献立を決められる。しかもみんなの記憶に、しっかりおいしさが残るからです。つらいことがあったとしても「あれ食べたいなぁ、これ食べたいなぁ」。そう思い浮かべるだけで、心がラクになるマジックのような力もあります。

　だから「こんな定番、いつも家でつくっている」と思われるような定番レシピを、あえてこちらのコーナーに集めてみました。ステーキにハンバーグ、ミートボールにしょうが焼き。当たり前に食べているおうちの一品が、じつは小さな工夫で、レストランで食べるような一品になります。

　たとえば「ステーキやローストビーフを焼くならば、お肉を室温に戻しておく」というのもひとつのステップ。これを実行するのとしないのとでは、仕上がりが違います。精製塩でなく、天然塩を使うだけでも味わいが変わります。とんかつを揚げるには、小麦粉ではなく、グルテンの粘りが出にくい天ぷら粉を活用すると、冷めてもおいしいサクサクの食感になります。

　定番料理だから、みなさんなりのつくり方というものもあることでしょう。でも一度だけ、「こういうふうにつくるべきだ」という壁を取りはらって、ご紹介するレシピを試してみていただけたらうれしいです。やらなくても味に大差なかったという手間は省いて、なるべくステップを減らしています。見た目は「なんだ」と思われるかもしれませんが、食べてみたら「へ～」と思っていただけるようなレシピばかりです。

ポンドステーキ

ステーキは、じつはいちばん簡単にできるごちそうです。本場アメリカでは、「ポンドステーキ」といって、1ポンド＝約450gという大きな赤身肉をかたまりのまま焼きます。厚切りで食べるからこそ、お肉本来のうま味が堪能できるのです。塩加減はお肉の重量の1％。強火で全面にしっかり焼き色をつけたら弱火にし、あとは火を止めて余熱で火をとおします。途中、バターをかけながら焼くとコクのある仕上がりに。外はこんがり、中は美しいロゼ色の焼き上がりが理想です。

材料　2人分
牛ステーキ用肉（リブロース、肩ロースなど・3cm厚さ）　1枚（500g）
塩　小さじ1
オリーブオイル、バター　各大さじ1
A｜塩、粗びきこしょう（黒）　各適量

つくり方

1　牛肉は室温に戻し、焼く10分ほど前に全体に塩をふってすり込む（側面も忘れずに）。

2　フライパンを強火で煙が出るほど熱々に熱し、オリーブオイルをなじませ、1を入れてまず脂身の部分を焼き、表裏を2分ずつ焼く。上下を返したときにバターを加え、スプーンでバターの泡を肉にかけながら表面を焦がしつけたら、弱火にして肉を返して30秒、もう一度返して30秒ほど焼き、火を止めて余熱で火をとおす（楊枝を肉に刺して30秒おき、下唇に当ててみて温かければOK）。

3　まな板に2を取り出し、余分な油をペーパータオルでふき、2分ほど休ませて肉汁が出るのを防ぐ。

4　3の粗熱が取れたら1cm厚さにそぎ切り、器に好みでマッシュポテト（右コラム参照）とともに盛り、Aをふる。

ステーキに添えたい！
マッシュポテト

材料とつくり方　つくりやすい分量

1　じゃがいも2個（300g）は皮をむいて1個ずつラップで包み、電子レンジ（600W）で6分ほど加熱する。牛乳1カップは耐熱容器に入れ、電子レンジで1分30秒ほど加熱する。

2　フードプロセッサーに1と塩小さじ½、バター20gを入れ、なめらかになるまでかくはんする（またはマッシャーなどでジャガイモをつぶしながら混ぜ合わせる）。

オーブンハンバーグ

ハンバーグは、牛2：豚1の肉の比率がベスト。牛が多すぎるとパサパサしてしまうのです。だから合いびきではなく、牛ひきと豚ひきを別々に買ってきて合わせたほうがいい。また、赤身の牛肉をたたいて合わせ、フライパンで焼くだけでなくオーブンで仕上げると、レストランで出てくるような、ふっくらとした肉汁あふれるおいしさに。焼き時間は合計で13分と覚えておくと、失敗もありません。お肉のうま味を味わいたいので、ソースなしで召し上がってみてください。

材料　4人分

- 牛肉（ハラミ、モモなどの赤身）__150g
- 牛ひき肉__250g
- 豚ひき肉__200g
- 玉ねぎ__½個（100g）
- A
  - 卵__1個
  - パン粉__1カップ
  - 牛乳__大さじ2
  - 塩__小さじ1強（6g）
  - ナツメグ（種子をすりおろす・なければ粉末）__小さじ½
  - 粗びきこしょう（黒）__少し
- オリーブオイル__小さじ1
- グリーンアスパラ（塩ゆでする）__適量
- B
  - 粗びきこしょう（黒）、
  - ピンクペッパー（あれば）、
  - オリーブオイル__各適量

つくり方

1 玉ねぎはみじん切りにし、ラップに包んで電子レンジ（600W）で3分ほど加熱して甘味を引き出す。

2 牛肉は包丁でたたき、粗いひき肉状にする。

3 ボウルに**1**、**2**と牛ひき肉、豚ひき肉を入れ、Aを加えて全体を100回くらい練る。4等分し、手でパンパンとたたきながら中の空気を抜き、1.5cm厚さの平丸形にまとめ、真ん中を少しへこませる。

4 フライパンにオリーブオイルを強火で熱し、**3**をそっと並べ入れる。中火にし、表裏を1分30秒ずつ焼いて焼き目をつける。

5 天板に網を置いて**4**をのせ、250℃に予熱したオーブンで10分焼く（これで焼き時間の合計が13分になる）。器に盛ってアスパラを添え、Bをふる。

ひき肉は自分でミンチにすると、肉のうま味の濃い、より本格的な味に仕上がります。フードプロセッサーに豚肉や牛肉をひと口大に切って入れたら、好みのひき具合になるまでかくはんするだけ。使う部位はお好みで、少し残った肉を何種類かミックスしてもOKです。

ジューシー豚しょうが焼き

食卓に頻繁に登場する定番おかずなのに、お肉がかたい、味が決まらないなどの悩みも多いしょうが焼き。やわらかジューシーに仕上げるには、「強火で表面だけをさっと焼き、ごくごく弱火で表裏を2分ずつ」が、ベストな火入れ加減のルールです。味つけは、「さみしさ同量」＋しょうが同量で。これは漬けだれの黄金比率の覚え方で、砂糖、みりん、しょうゆ、酒が同じ量で、しょうがも同じ量という意味。お好みで豆板醤やケチャップを少し加えてもおいしいですよ。

材料　4人分
豚肩ロースしょうが焼き用肉
　＿500g
A｜砂糖、みりん、しょうゆ、酒
　　＿各大さじ3
しょうが(すりおろす)＿大さじ3
ごま油＿大さじ2
いんげん(塩ゆでし、斜め3、4等分に切る)
　＿適量

つくり方

1　ボウルにAを混ぜ合わせ、しょうがを加えて混ぜ、豚肉を入れてさっとからめる。

2　フライパンにごま油を強火で熱し、1の汁気をきって重ならないように並べ入れる。表裏をさっと焼いたらごくごく弱火にし、さらに表裏を2分ずつ焼いて取り出す。

3　2のフライパンに1のボウルに残った汁を加え、とろりとするまで煮詰める。

4　器に2といんげんを盛り、肉に3をかける。

MEMO：豚肉はかたまり肉を買ってきて、7〜8mm厚さに切り分けるのもおすすめです。

2 ステップとんかつ

とんかつは、パン粉衣をつけて油で揚げるだけのシンプルな料理です。だからこそ、差が出やすいのです。まず、お肉は厚切りのものを買い求めましょう。1.5cm厚さが理想です。次に、衣は天ぷら粉＋生パン粉を使用すると2ステップで簡単。そのうえ、天ぷら粉にはコーンスターチやベーキングパウダーが入っているから、サクッと揚がって軽い口当たりに。油は一度温めたら弱火にし、低温でじっくり火を入れると、お肉のうま味が引き出され、やわらかく仕上がります。

材料　4人分

豚ロース厚切り肉(1.5cm厚さ)
　__4枚(600g)
塩__小さじ1
A｜天ぷら粉、牛乳__各½カップ
生パン粉__1カップ
揚げ油__適量
キャベツ(千切り)、レモン(くし形切り)、
　中濃ソース__各適量

つくり方

1 豚肉は焼き縮みを防ぐために、白い脂身と赤身の境目に包丁の先で切り目を入れて筋切りをし、両面に塩をふる。

2 バットにAを混ぜ合わせ、1にからめてパン粉をまぶす。

3 フライパンに揚げ油を深さ1cmほど注いで中火にかける。油が温まったら(170℃くらい)弱火にし、2を入れて表裏を4分ずつ揚げる。きつね色になるのが目安。油をきってそのまま5分おき、余熱で火をとおす。

5 3を食べやすく切って器に盛り、キャベツ、レモン、中濃ソースを添える。

MEMO：豚肉の部位はお好みで。さっぱり系が好みならヒレ肉、やわらかさを求めるならロース、うま味を求めるなら肩ロースがおすすめです。

やわらかミートボール

おいしいミートボールの黄金比率は、牛1：豚1。ひき肉だねには独特のスパイシーな芳香をもつクミンを効かせ、お肉の臭みを消して香りをつけます。これを、シンプルなトマトソースに生のまま落とし入れて煮ると、ミートボールの味わいがぐっと引き立つんですよ。ポイントは、ごろんと大きめにまとめ、火がとおるまで触らないこと。そうすればくずれる心配がなく、口の中でほろっとほどけるようなやわらかさに。レモン風味でさわやかにいただきましょう。

材料　4人分

牛ひき肉＿＿300g
豚ひき肉＿＿300g
A｜玉ねぎ(みじん切り)＿＿大½個
　｜卵＿＿1個
　｜片栗粉＿＿大さじ2
　｜オリーブオイル＿＿大さじ1
　｜塩＿＿小さじ1
　｜クミンパウダー（またはカレー粉）、
　｜　ナツメグ、チリペッパー
　｜　＿＿各小さじ½
トマト缶(ホール状)＿＿1缶(400g入り)
オリーブオイル＿＿大さじ2
にんにく(薄切り)＿＿1かけ
赤唐辛子(みじん切り・好みで)＿＿1本
B｜砂糖、塩＿＿各小さじ½
レモンの皮(すりおろす)、
　イタリアンパセリ(みじん切り)
　＿＿各適量

つくり方

1. ボウルにひき肉を入れ、Aを加えてよく練り混ぜる。
2. 鍋にオリーブオイルを弱火で熱し、にんにくを3分ほど炒める。トマトを手でつぶして缶汁ごと入れて火を強め、好みで赤唐辛子も入れてBを加える。煮立ったら**1**を12等分してスプーン2本で楕円形にまとめて落とし入れ、フタをして弱火で12分ほど煮る。

3. 器に**2**を盛り、レモンの皮とパセリを散らす。

肉料理の献立、どうしてる？

料理をつくる立場だと、献立をどうするかは大きな悩みです。でも、献立の組み立ては一度「枠」を決めてしまうと、じつはとてもラク。

私の場合、献立の基本は3品です。料理は無理すると続きません。洋食ならば、メインの肉料理とサラダ、パスタの組み合わせ。和食ならば、肉料理とあえ物、酢の物、煮物から

面積の大きいものから決める

献立はメインから決めます。ファッションが靴ではなく、面積が大きくいちばん目立つトップスから考えたほうがインパクトが変わるのと同じ。肉料理であれば、お肉の種類を決め、さらに調理法から考えて、昨日が和食なら今日は洋食とします。

逆算して、ほかのメニューを決める

メインさえ決まれば、それに合わせて逆算し、考えて献立を組んでいけばいいので、絞り込みがしやすくなります。メインがこってりなら副菜はあっさりにするとか。タンパク質とビタミン、炭水化物がバランスよくとれるよう、心がけましょう。

野菜の副菜1品、それに汁物を加えた3品で十分かなと思います。枠が決まっていれば、あとは和食にするか洋食にするかを選び、メニューを決めるだけ。これは、メイン料理から考えるのがポイントです。そうすれば、あとの2品は逆算して組めます。たとえば、メインがステーキだったら、パスタはトマトソースにする。トマトソースはあっさりしているから、サラダは少し重みがあってもいいかなと、全体のバランスを考えて組み合わせていくのが、私の献立のつくり方です。

いちばんもったいないのは迷っている時間。選択肢を減らして絞り込みしやすいよう、みなさんも自分なりのルールを決めてみてください。

普段使いとおもてなしを分ける

おもてなしのときは、私は「5コースディナー」と決めています。洋食は、基本の3品に前菜とデザートをプラス。和食は、ご飯を季節の炊き込みご飯にして、副菜をもう1品増やせば5品になります。これで、品数や順番に迷うこともなくなります。

定番パターンをもっておく

とんかつにはキャベツなどと、料理と料理の組み合わせも定番パターンをもっておくことが大事。あとは、そのキャベツをサラダにするか、酢の物にするかで変化をつければいいのです。5でも10でも定番パターンをもつことを目指しましょう。

肉料理でおもてなしするのは楽しいもの

COLUMN

　手料理でおもてなしをするとなると、つい肩に力が入りがちです。あれもやって、これもやってと考えているうちに、面倒くさくなって放り出したくなってしまいます。

　うちは、多いときには月の1/3はお客さまがいらっしゃいます。もちろんがんばるときもありますが、時間がないときは、前菜はチーズと生ハムとクラッカー。デザートは買ってくるか、お土産に持ってきてもらうと決めています。こうすればつくるのは、メインの肉料理とサラダとパスタの3品のみ。完璧にやろうと思うとなかなか人を呼べませんが、たくさんつくることだけがおもてなしではありません。インパクトのあるお肉のひと皿を出せば、あとはおいしいワインがあればいい。そのほうが、かえって印象に残ります。

　こんなふうにシンプルに考えれば、余裕が生まれてその分、演出やお客さまへの気遣いに心を向けられます。私の場合は、お客さまがいらしたら、まずはキャンドルを灯して、テレビを消して音楽を流します。食卓が素敵なら会話もはずみます。料理だけでなく、器や盛りつけも含めて全体像を考えることが大切です。

　気のおけない友達とのホームパーティは楽しい。そして、心にも残ります。気負わずに楽しみましょう。

PART 2
牛肉のレシピ

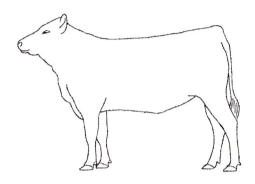

　牛肉にも和牛、輸入牛と2種類あります。和牛は脂身が適度に入って薄切りの調理でも少量でも楽しめるように工夫がされており、輸入牛は赤身を楽しむための工夫がされています。さらに輸入牛はアメリカ産、オーストラリア産にほぼ二分されます。アメリカ産は牧草と穀物、オーストラリア産は牧草だけで育てられているため、見た目は似ていても味がまったく違います。産地が異なれば肉質も違いますが、肉の部位によっての味わいも、まったく違います。どのお肉がコストパフォーマンスが高いか、好みの味かなど、意識をもって選ぶことが大切です。

　もし、最近人気の赤身肉を調理したいと思われたなら、産地や部位だけでなく、カットした「厚み」や「かたまりの大きさ」ということも、とても大切になります。この本でご紹介するステーキやローストビーフの肉の分量は500gとなっていて、日本人には「大きい」と感じられてしまうかもしれません。でも、これくらいのかたまりで調理しなければ、肉の芯温（中心の温度）が一気に65℃以上の高温になり、赤身肉だとかたくなってしまうのです。

　そのため、私は大きめのお肉を焼いて、みんなで切り分けるのをおすすめしています。煮込みをする場合も、1kgのお肉を煮込んで、普通の鍋ならば3～4時間、圧力鍋ならば30～40分調理します。1kgなんて！と思われるかもしれませんが、手間暇かけてつくるなら、多めにつくって冷凍するのがおすすめだと思っています。

　産地や部位をよく見て選び、食べてみて気に入ったら、そのお肉のことを記録しておくといいですよ。

ローストビーフ

豪華な食卓が演出できるローストビーフ。いろんなつくり方がありますが、120℃のオーブンで焼くこのレシピなら、簡単お手軽。失敗なしで、お肉のうま味が凝縮したジューシーなおいしさが楽しめます。

材料 4人分
牛肩ロースかたまり肉__500g
塩__小さじ2

つくり方

1. 牛肉は室温に戻し、焼く10分ほど前に全体に塩をふってすり込む。

2. オーブンを120℃に温め、天板に網を置き、その上に1をのせる。水1カップ(分量外)を注いで50分ほど焼く。

3. 2を取り出し、しっかりと粗熱を取ってから8mm厚さに切る。

MEMO：ビルトインタイプのガスオーブンの場合は火のとおりが早いので、焼き時間を10分ほど短くしてください。

ローストビーフのおいしいアレンジ

ローストビーフサンド
ホテル並みのおいしさが味わえるゴージャスサンド。

材料　2人分
ローストビーフ（P.28参照）__120g
食パン（10枚切り）__3枚
ゆで卵__1個
きゅうりのピクルス__小1本
サラダ菜__2枚
A｜バター__10g
　｜マスタード__小さじ2
B｜マヨネーズ__大さじ2
　｜トマトケチャップ__大さじ1
　｜砂糖__小さじ½
　｜塩__少し

つくり方

1 ゆで卵は5mm厚さの輪切り、ピクルスは薄切りにする。

2 ローストビーフは8mm厚さに切る。

3 食パンはトーストし、2枚は片面にAを薄く塗り（パンA）、もう1枚は両面に塗る（パンB）。

4 パンA1枚の上にサラダ菜1枚を敷いて1のピクルス、2の半量、ゆで卵の順にのせ、合わせたBの半量を塗る。パンBを重ね、残りのサラダ菜、2の順にのせて残りのBを塗り、もう1枚のパンAを重ねる。斜め半分に切り、それぞれをピックでとめる。

ローストビーフの手巻きずし

上質のマグロみたいで、すし飯との相性も抜群。

材料 2人分

ローストビーフ(P.28参照)__120g
ルッコラ__12枚
きゅうり__1本
焼きのり__2枚
温かいご飯__茶碗2杯分
A│すし酢__大さじ4
 │塩__小さじ½
B│すりごま(白)、マヨネーズ
 │　__各大さじ2
 │すし酢__大さじ1
 │練りわさび(チューブ)__6cm分

つくり方

1. ルッコラは洗って水気をふく。きゅうりは斜め薄切りにしてから千切りにする。
2. ローストビーフは8等分の薄切りにする。
3. ご飯はAを加えてさっと混ぜ、粗熱を取る。
4. 焼きのりは1枚を4等分し、3、2、1を等分してのせる。合わせたBをかけ、手巻きにしていただく。

少ない肉でも満足！ ステーキのおいしいアレンジ

1枚のステーキをみんなでシェアする、おいしい食べ方をご紹介。

ヤムヌア

薄切りにしてタイ風のサラダ仕立てにすれば、ごちそう感満点。パーティにも！

材料 4人分

- 牛ステーキ用肉(リブロースなど)__1枚(500g)
- 塩__小さじ1
- オリーブオイル、バター__各大さじ1
- セロリ__⅔本
- 紫玉ねぎ(または玉ねぎ)__½個
- きゅうり__2本
- トマト__中2個
- A
  - 赤唐辛子(みじん切り)__1本
  - にんにく(みじん切り・好みで)__½かけ
  - すし酢、ナンプラー、レモンの絞り汁__各大さじ2
- 香菜(ざく切り・好みで)__適量

つくり方

1. 牛肉は室温に戻し、焼く10分ほど前に全体に塩をふってすり込む。
2. フライパンを強火で煙が出るほど熱々に熱し、オリーブオイルをなじませ、**1**を入れて表裏を2分ずつ焼く。上下を返したときにバターを加え、スプーンでバターの泡を肉にかけながら表裏を焦がしつけたら、弱火にして肉を返して30秒、もう一度返して30秒ほど焼き、火を止めて余熱で火をとおす。粗熱を取って8mm厚さの斜めそぎ切りにする。
3. セロリは斜め薄切りにする。紫玉ねぎは薄切りにし、水にさらして水気をきる。きゅうりは皮を縞目にむいて乱切り、トマトはヘタを除いて8等分のくし形に切る。
4. ボウルにAを混ぜ合わせ、**2**と**3**を加えてさっとあえる。器に盛り、好みで香菜をのせる。

きのこピラフのステーキのせ

ピラフにのせてボリュームアップ。ビールを加えて炊き込むと、ほろ苦風味でステーキによく合います。

材料　4人分

牛ステーキ用肉(リブロースなど)__1枚(500g)
塩__小さじ1
オリーブオイル、バター__各大さじ1
米__2合
玉ねぎ__½個
にんにく__2かけ
エリンギ__3本
しいたけ__3枚
オリーブオイル(きのこピラフ用)__大さじ2
A │ ビール、水__各1カップ
　 │ 固形スープ(砕く)__1個
　 │ チリパウダー、パプリカパウダー(あれば)__各小さじ1
　 │ 塩__小さじ⅔
トマト(粗みじん切り)__中1個
粗びきこしょう(黒・好みで)、ローズマリー(あれば)__各適量

つくり方

1. 牛肉は左ページのつくり方1〜2と同様に焼き、8mm厚さの斜めそぎ切りにする。
2. きのこピラフをつくる。玉ねぎ、にんにくはみじん切り、エリンギとしいたけは2cm角ほどのざく切りにする。鍋にオリーブオイルを中火で熱し、玉ねぎ、にんにく、きのこを炒め、全体に油が回ったら米を加えて3分ほど炒める。Aを加え、煮立ったらフタをしてごく弱火で15分ほど炊き、炊き上がりにトマトを散らして10分ほど蒸らす。
3. 器に2を盛り、上に1を並べる。好みでこしょうをふり、あればローズマリーを添える。

ビビンバ

ナムルと盛り合わせた、韓国風のステーキ丼。忙しければ、ナムルはお総菜売り場で買ってきたものでも。

材料　4人分

牛ステーキ用肉(リブロースなど)__1枚(500g)
塩__小さじ1
オリーブオイル、バター__各大さじ1
ほうれん草__1袋
にんじん__1本
もやし__1袋
A │ ごま油__大さじ3
　 │ すりごま(白)__大さじ1
　 │ 塩、しょうゆ__各小さじ1
温かいご飯__茶碗4杯分
B │ しょうゆ__大さじ2
　 │ ごま油__大さじ1
　 │ 砂糖__小さじ1

つくり方

1. 牛肉は左ページのつくり方1〜2と同様に焼き、8mm厚さの斜めそぎ切りにする。
2. ナムルをつくる。ほうれん草は5cm長さに切る。にんじんは皮をむいて斜め薄切りにしてから千切りにする。ほうれん草、にんじん、もやしをそれぞれ塩適量(分量外)を加えた熱湯でさっとゆで、粗熱が取れたら水気を絞り、別々のボウルに入れる。合わせたAを3等分して加え、それぞれあえる。
3. 器にご飯を盛り、1と2をのせ、合わせたBを肉にかける。

おうち焼き肉

焼き肉の味の要はたれにあり！　これはわが家の秘伝のたれで、子どもたちも飛びつくおいしさです。グリルで焼くと火の当たりがやわらかいので、ふっくらとしたお肉のうま味が堪能できます。

材料 4人分

牛焼き肉用肉(ハラミ、肩ロースなど)
　__700g
A｜しょうゆ__大さじ6
　｜りんご(すりおろす)、はちみつ、
　｜　すりごま(白)、砂糖、酒
　｜　__各大さじ2
　｜しょうが(すりおろす)、ごま油
　｜　__各小さじ2
　｜にんにく(すりおろす)__小さじ1
　｜塩__小さじ2/3
サニーレタス(食べやすい大きさにちぎる)
　__3枚
一味唐辛子(好みで)__適量

つくり方

1. ボウルにAを混ぜ合わせ、牛肉を加えてさっとあえる。
2. 魚焼きグリルを熱し、1を並べ入れて強火で2～3分焼く。器にサニーレタスを敷いて盛り、好みで一味唐辛子をふる。

MEMO：好みでコチュジャンなどをつけ、青じそ、白髪ねぎ、青唐辛子の小口切りなどと一緒にレタスに包んで食べてもおいしいですよ。

りんごの入ったたれを使うと、おうちでも焼き肉屋さんの味になる

材料 4人分

牛焼き肉用肉（肩ロース、ハラミ、バラなど）
700g

A
- トマトケチャップ＿大さじ6
- 中濃ソース＿大さじ3
- すし酢＿大さじ1〜2
- はちみつ＿大さじ1
- 砂糖、カレー粉、チリペッパー（あれば）、こしょう＿各小さじ1
- にんにく（すりおろす）、塩＿各小さじ½

サラダ菜＿適量

つくり方

1. ボウルにAを混ぜ合わせ、牛肉を加えて5分ほど漬け込む。
2. 魚焼きグリルを熱し、1を並べ入れて強火で2〜3分焼く。焦げそうになったら火を弱め、焼き時間を少し長くして焼き加減を調節する。器にサラダ菜を敷いて盛る。

やわらかバーベキュー

ケチャップベースのみんなの好きなバーベキュー味で、目先を変えた洋風焼き肉です。アウトドアで楽しむときは、お肉とたれを別々に持っていき、その場でたれに漬けてから焼くといいですよ。

本格プルコギ

韓国版の肉野菜炒めです。野菜から水分が出て水っぽくならないよう、お肉だけに下味をつけるのがおいしく仕上げるためのコツ。コチュジャンがなければ、みそと砂糖を同量混ぜて代用してくださいね。

ご飯と一緒に盛ってワンプレートにしても

材料　4人分
牛薄切り肉（バラ、肩ロースなど）
　__400g
A｜りんご（すりおろす）__½個
　｜にんにく（すりおろす）__1かけ
　｜砂糖、しょうゆ、酒、
　｜　すりごま（白）__各大さじ2
　｜しょうが（すりおろす）、
　｜　コチュジャン__各大さじ1
　｜顆粒鶏ガラスープ__小さじ½
玉ねぎ__½個
にんじん__½本
しいたけ__4枚
ごま油__大さじ2
青じそ（千切り）__適量

つくり方

1. 牛肉は大きければ食べやすく切る。
2. ボウルにAを混ぜ合わせ、1を加えてからめる。
3. 玉ねぎは薄切り、にんじんは皮をむいて斜め薄切りにしてから千切りにする。しいたけは石づきを除いて縦4等分に切る。
4. フライパンにごま油を中火で熱し、3を入れてさっと炒める。全体に油が回ったら、2の牛肉だけを加えて炒める。肉の色が変わったらボウルに残った汁を加え、あえるようにしてさっと炒める。器に盛り、青じそをのせる。

牛肉のピリ辛みそ炒め

肉厚の焼き肉用肉でつくると、手軽な炒め物もごちそうになります。野菜は冷蔵庫に余りがちなキャベツを使い、長ねぎをたっぷりめに加え、こっくりとしたみそ味でいただきます。

材料 4人分

牛焼き肉用肉(肩ロース、ハラミ、バラなど)
　__400g
塩__小さじ⅔
ピーマン__2個
長ねぎ__2本
キャベツ__2、3枚
にんにく__1かけ
しょうが__小½かけ
ごま油__大さじ1
A｜みそ、砂糖、しょうゆ、酢、酒
　　__各大さじ2
　｜豆板醤__小さじ1〜2
　｜はちみつ__小さじ1
一味唐辛子(好みで)__適量

つくり方

1. 牛肉は塩をふる。
2. ピーマンはヘタと種を除いて4〜6等分に切る。長ねぎは1cm幅の斜め切りにする。キャベツはひと口大に切り、さっと下ゆでして水気をきる。にんにくとしょうがは薄切りにする。
3. フライパンにごま油を中火で熱し、1を入れて表裏を30秒ずつ焼いて取り出す。
4. 3のフライパンに2のにんにくとしょうがを入れて炒め、香りが立ったら残りの2を加え、焼きつけるように5分ほどじっくり炒める。3を戻し入れ、合わせたAを加えてざっと炒め合わせる。器に盛り、好みで一味唐辛子をふる。

材料 4〜6人分

牛肩ロースかたまり肉＿＿1kg
玉ねぎ＿＿1個
にんじん＿＿1本
セロリ＿＿1本
にんにく＿＿1かけ
オリーブオイル＿＿½カップ
A｜トマト缶(ホール状・手でつぶす)
　　　＿＿1缶(400g入り)
　｜トマトペースト＿＿1缶(140g入り)
　｜固形スープ(砕く)＿＿1個
　｜赤ワイン＿＿1カップ
　｜はちみつ、砂糖、塩＿＿各大さじ1
　｜こしょう＿＿適量
イタリアンパセリ(みじん切り・好みで)
　＿＿適量

つくり方

1. 牛肉は8等分に切る。
2. 玉ねぎ、にんじん、セロリ、にんにくはみじん切りにするか、フードプロセッサーでかくはんする。
3. 圧力鍋にオリーブオイルを弱火で熱し、2の玉ねぎを入れて10分ほど炒める。残りの2を加えてさっと炒め、全体に油が回ったら1とAを加え、フタをして強火にする。蒸気が上がったら弱火にして40分ほど加圧し、火を止めて流水をかけて圧を抜く(普通の鍋を使う場合は、煮立ったらときどき混ぜながら弱火で3〜4時間煮込む。途中、水分が足りなくなったら赤ワインまたは水を適宜加える)。器に盛り、好みでパセリを散らす。

MEMO：時間があれば、そのまま冷まして冷蔵庫で寝かせても。味がなじんで肉がよりやわらかくなる、2〜3日後ぐらいが食べ頃です。

オール1のビーフシチュー

使う材料も調味料も「1」でそろえた、覚えやすいレシピです。みじんに切った野菜を多めのオリーブオイルで炒めてうま味を引き出したら、あとは鍋で煮込むだけで本格味に。肩ロースを使うのがおすすめです。

材料　4〜6人分

- 牛肩ロースかたまり肉＿1kg
- 玉ねぎ＿大1個(200g)
- にんにく＿2かけ
- オリーブオイル、バター
  　＿各大さじ2
- A
  - パプリカパウダー(あれば)
    　＿大さじ2
  - キャラウェイシード(あれば)
    　＿大さじ1
- B
  - トマト缶(ホール状・手でつぶす)
    　＿1缶(400g入り)
  - 赤ワイン＿2カップ
  - 固形スープ(砕く)＿1個
  - トマトケチャップ、はちみつ、砂糖、塩＿各大さじ1
- マッシュポテト(P.14参照)、粗びきこしょう(黒)＿各適量

つくり方

1. 牛肉は8等分に切る。
2. 玉ねぎはみじん切りにし、耐熱容器に入れてラップをし、電子レンジ(600W)で10分ほど加熱する。にんにくはみじん切りにする。
3. 圧力鍋にオリーブオイルを弱火で熱し、2を入れて10分ほど炒める。あればAを加えて全体にからめ、1とBを加え、フタをして強火にする。蒸気が上がったら弱火にして40分ほど加圧し、火を止めて流水をかけて圧を抜く(普通の鍋を使う場合は、煮立ったらときどき混ぜながら弱火で3〜4時間煮込む。途中、水分が足りなくなったら赤ワインまたは水を適宜加える)。器に盛り、マッシュポテトを添えて、こしょうをふる。

グーラーシュ

これはハンガリーの家庭料理で、煮込まれたホロホロのお肉が心までホロホロに溶かしてしまうようなおいしさ。パプリカパウダーを使うのがこの料理の特徴で、ほんのりした辛さがクセになります。

ビール煮

赤ワインで煮込むことの多い牛肉ですが、ビールを使うとほろ苦さが少し加わって、さっぱりとした大人の深い味わいに。仕上げにレモンの皮のすりおろしを加えて味を引き締めます。

材料　4〜6人分
- 牛肩ロースかたまり肉＿1kg
- 玉ねぎ＿1個
- オリーブオイル＿大さじ2
- A
  - トマト(ヘタを除いて乱切り)＿大1個
  - にんにく(薄切り)＿1かけ
  - ビール＿1¾カップ
  - すし酢＿大さじ2
  - 塩＿大さじ1
  - はちみつ＿小さじ2
  - 水＿1カップ
- レモンの皮(すりおろす)＿½個分
- いんげん(ゆでて斜め薄切り・好みで)、イタリアンパセリ(みじん切り)＿各適量

つくり方
1. 牛肉は8等分に切る。
2. 玉ねぎはみじん切りにする。
3. 圧力鍋にオリーブオイルを中火で熱し、2を5分ほど炒める。1とAを加え、フタをして強火にする。蒸気が上がったら弱火にして40分ほど加圧し、火を止めて流水をかけて圧を抜く(普通の鍋を使う場合は水1カップを加え、煮立ったら弱火で2〜3時間煮込む)。
4. 3にレモンの皮を加えて器に盛り、好みでいんげんを添えてイタリアンパセリを散らす。

材料 4〜6人分

<u>牛肩ロースかたまり肉</u>__ 800g
サラダ油__大さじ1
バター__30g
A | にんにく(すりおろす)__1かけ
　| カレー粉__大さじ3
　| しょうが(すりおろす)__大さじ1
　| チリパウダー__小さじ1
B | トマト缶(ホール状・手でつぶす)__1缶(400g入り)
　| ココナツミルク__½カップ
　| 牛乳__¼カップ
　| 固形スープ(砕く)__1個
　| はちみつ__小さじ2
　| 塩、ナンプラー(またはしょうゆ)__各小さじ1
温かいご飯、タイム(あれば)__各適量

つくり方

1. 圧力鍋に牛肉を入れ、かぶるくらいの水を加えてフタをし、強火にかける。蒸気が上がったら弱火にして30分ほど加圧し、火を止めて流水をかけて圧を抜く(普通の鍋を使う場合は水1カップを加え、沸騰したら弱火で3時間ほどゆでる)。粗熱が取れたら牛肉を取り出し、5cm角に切る。

2. 別の鍋にサラダ油とバターを中火で熱し、Aを入れて2分ほど炒める。1とBを加え、ときどき混ぜながら弱火で30分ほど煮込む。

3. 器にご飯を盛り、2をかけ、あればタイムを添える。

トマトココナツミルクカレー

トマト缶とココナツミルクでつくるこのカレーは、インド料理屋さんで食べた味を再現したものです。市販のルウを使わないヘルシー版。お肉ごろごろで食べごたえがしっかりあります。

天ぷら粉フライ

天ぷら粉使いで2ステップの衣づけでつくれる、簡単牛カツです。揚げすぎに気をつけて、お肉に赤みを残して仕上げるのがポイント。とんかつとは違った、レアなうま味を楽しんでください。

材料　4人分
牛焼き肉用肉（厚めの肩ロース、ハラミなど）
　__300g
味つけ塩こしょう（市販品）__小さじ½
　（または塩小さじ⅓、こしょう少し）
A｜天ぷら粉、冷水__各½カップ
パン粉__1カップ
揚げ油__適量
しょうゆ、練り辛子（または練りわさび・好みで）__各適量

つくり方
1. 牛肉は1枚ずつ広げて、味つけ塩こしょうをふる。合わせたA、パン粉の順に衣をつける。
2. 揚げ油を180℃に熱し、1を入れて両面を1分ずつ揚げる。器に盛り、好みで辛子じょうゆ、またはわさびじょうゆでいただく。

牛丼

牛丼はバラ肉を使い、調味料の配合は和食の基本の「さみしさ(砂糖、みりん、しょうゆ、酒)同量」+水同量。これさえ覚えておけば、いつでもさっとつくれて、人気チェーン店の味がおうちで楽しめます。

材料 2人分
牛バラ薄切り肉__200g
長ねぎ__10cm
A│砂糖、みりん、しょうゆ、酒、水__各大さじ3
温かいご飯__どんぶり2杯分
すりゴマ(白)、
　黒七味(または七味唐辛子)、
　青じそ(千切り・各好みで)__各適量

つくり方
1. 牛肉は6cm幅に切る。長ねぎは1cm幅の斜め切りにする。
2. 鍋にAと1を入れて強火にかける。煮立ったら弱火にし、牛肉と長ねぎに火がとおるまで3分ほど煮る。
3. 器にご飯を盛り、2を汁ごとのせる。好みですりゴマと黒七味をふり、青じそをのせる。

すき焼き

すき焼きの割り下も、砂糖、みりん、しょうゆ、酒を同量混ぜ合わせた「さしみ同量」で簡単につくれます。まずはあっさりしたたれでお肉を食べ、味を調節しながら野菜の優しさを味わってみてください。

材料　4人分

牛すき焼き用肉（バラ、肩ロース、サーロインなど）__500g
長ねぎ__1本
しいたけ__4枚
春菊__1束
豆腐（木綿）__1丁
卵__4個
A｜砂糖、みりん、しょうゆ、酒__各½カップ
酒（または昆布だし）__適量

つくり方

1. 長ねぎは1cm幅の斜め切り、しいたけは軸を除いて半分に切る。春菊は長さを2、3等分する。豆腐は食べやすく切る。
2. 鍋に合わせたAの⅓量を入れて火にかける。割り下が熱くなったら、まず牛肉と1の長ねぎ各適量を入れ、肉の両面をさっと煮ていただく。
3. 器に卵を割り入れる。2の鍋に残りのAとすべての具材を入れ、煮えたものから好みで溶き卵につけながらいただく。割り下が煮詰まってきたら酒（または昆布だし）を適宜加えて味を調整する。

MEMO：野菜は好みのもので。白菜やごぼう、糸こんにゃくなどもよく合います。〆にゆでたうどんをさっと煮てもおいしいですよ。

材料　4人分

牛バラ薄切り肉＿500g
ごま油＿大さじ4
A｜しょうが(すりおろす)、
　　にんにく(すりおろす)、花椒、
　　粉山椒、豆板醤、砂糖
　　＿各大さじ1
　　カイエンヌペッパー
　　(または一味唐辛子かこしょう)
　　＿小さじ1
B｜昆布(4〜5cm角)＿1枚
　｜水＿2ℓ
C｜練りごま(白)＿大さじ3
　　(またはすりごま(白)大さじ6)
　　ナンプラー、顆粒鶏ガラスープ
　　＿各大さじ1
　　塩＿小さじ2
キャベツ＿3枚
にら＿1束
えのきだけ＿1袋

つくり方

1. 火鍋汁をつくる。鍋にごま油を中火で熱し、Aを入れてさっと炒める。香りが立ったらBを加え、煮立ったら昆布を取り出してフタをし、弱火で10分ほど煮、Cで調味する。
2. 牛肉は食べやすく切る。キャベツは5cm角に切る。にらは長さを4等分する、えのきだけは根元を除いてほぐす。
3. 1に2を入れて、煮えたものから汁ごと取り分けていただく。

MEMO：具材はほかに、豆腐やしいたけ、長ねぎなどもよく合います。器に取り分けたら好みで香菜を散らしたり、最後にラーメンを入れるのもおすすめです。

火鍋

山椒の効いた赤い麻辣湯(マーラータン)スープでいただく、刺激的な辛さの中華鍋。おうちでできる簡単バージョンですが、味は本格的。お肉も野菜もたっぷり食べられて、お客さまにお出しすると、いつも好評です。

いも煮鍋

牛肉と里いもでつくる、山形の郷土食です。レンジ加熱で里いもを下処理すると、皮がするっとむけてストレスもありません。この甘じょっぱい味が大好きで、いつ食べてもしみじみおいしいと感じます。

材料　4人分

- 牛こま切れ肉__300g
- 里いも__6個（360g）
- 長ねぎ__2本
- しいたけ__4枚
- A
  - しょうゆ、酒、みりん__各大さじ4
  - 砂糖__小さじ2
  - 塩__小さじ1
  - 水__6カップ
- 七味唐辛子（好みで）__適量

つくり方

1. 里いもはラップで包み、電子レンジ（600W）で6分ほど加熱し、皮をむいて洗う。長ねぎは6㎝分は小口切りにして薬味用にとっておき、残りは斜め薄切りにする。しいたけは軸を除いて半分に切る。

2. 鍋にAと牛肉、1の里いも、斜め薄切りの長ねぎ、しいたけを入れて火にかける。煮立ったら弱火で7〜8分煮る。器に汁ごと取り分け、小口切りの長ネギを散らし、好みで七味唐辛子をふっていただく。

牛肉きのこ鍋

牛肉と相性のいいきのこを組み合わせた、しょうゆ味の簡単鍋です。きのこは数種類をミックスするとうま味がアップし、食感の違いも楽しい。最後にうどんなどで締めると、おなかも満足できます。

材料 4人分

牛薄切り肉(肩ロース、リブロース、バラなど)
　__ 500〜600g
好みのきのこ(まいたけ、しめじ、えのきだけ、
　しいたけなど)__ 5カップ
長ねぎ__ 1本
A｜昆布(10cm角)__ 1枚
　｜水__ 6カップ
B｜しょうが(薄切り)__ 15枚
　｜砂糖、みりん、しょうゆ、酒
　｜　__ 各大さじ3
　｜ごま油__ 大さじ1

つくり方

1. きのこは石づきを除き、食べやすい大きさに切る。長ねぎは斜め1cm幅に切る。
2. 鍋にAを入れて火にかける。沸騰したら弱火にして昆布を取り出し、Bを加える。1を入れて煮、火がとおったら牛肉を入れる。肉の色が変わったら器に汁ごと取り分け、好みの薬味(分量外)を加えていただく。

MEMO：薬味は長ねぎ、香菜、青じそ、赤唐辛子など好みのものを刻んで。鍋汁に味がついているのでそのままでもおいしく食べられますが、レモン塩(レモン汁と塩を混ぜる)もさっぱりとしておすすめです。

肉料理に合う
ワイン選び

　ワインはセレクションが無限大。そんななかからおいしいワインと出合うには、まず自分の好みを知ることがとても大事。さらにそれを探るにはブドウの品種を覚えるのがもっともラクな早道です。ブドウの種類は数千あるといわれていますが、主要品種は赤白合わせてせいぜい7、8種類程度。これを覚えたら、とりあえずワイン選びに困ることはありません。

　肉料理とワインの合わせ方については、白でも赤でもそのワインがそれなりによいものであれば、私はどんな料理にも合うのではないかと思っており、そこはそんなに細かく気にしていません。それよりも、大切にしたいのは季節感です。たとえば、「今日は寒くて、こってりした感じがいいから重めの赤にしよう」とか、「蒸し暑いからすっきりした白にしよう」とか。すると、同じ牛肉のステーキと合わせても気持ちがガラリと変わり、食べる楽しみは2倍にも3倍にもなります。

　ワインを飲むときは体に聞くと、そのときの自分に合ったいちばんおいしい答えを出してくれるはずです。

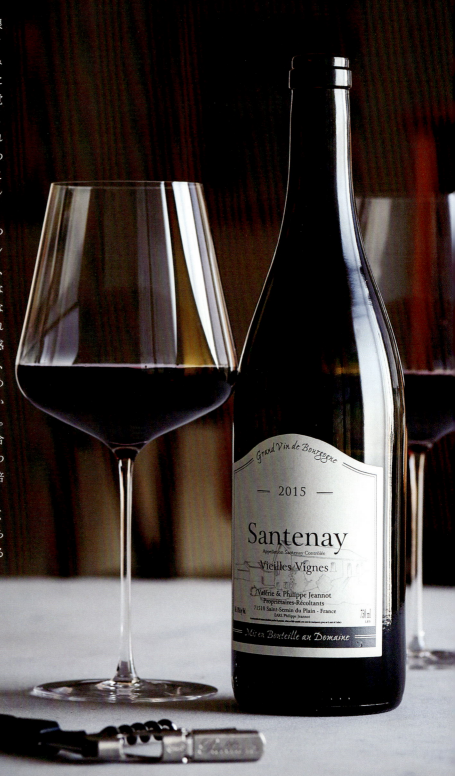

ブドウの品種を学ぶ

ワインビギナーが覚えたい、代表的品種とその特徴をご紹介。
飲みながら認識すると、ワインリストを読むのも楽しくなります。

赤ワイン

カベルネ・ソーヴィニヨン
Cabernet Sauvignon

威厳の赤。世界中で生産されている赤の王様的ブドウ品種で、もっとも人気があります。濃いベリー系の凝縮した果実味と適度なタンニン（渋味）があり、香りは華やか。味に重みもあります。フランスはボルドー地方のメドックが有名ですが、コルクを抜いてすぐに楽しみたいのなら、個人的にはカリフォルニアのナパ・ヴァレーをおすすめします。

メルロー
Merlot

優しさの赤。カベルネともよくブレンドされる姉妹のような存在で、メルローの比率が多いと、やわらかさやふくよかさ、舌すべりのなめらかさが引き立つので、重いワインは苦手な人にもおすすめ。主要産地はボルドー地方のサンテミリオンやポムロールですが、カリフォルニアやオーストラリア、チリでも素晴らしいものをつくっています。

ピノ・ノワール
Pinot Noir

香りの赤。カベルネが赤の王様ならば、ピノ・ノワールは女王様。フランスのブルゴーニュ地方に代表される品種で、タンニンは少なく口当たりはシルキー。色は透明感のある褐色に近いルビー色。香りも味も繊細でエレガント、それでいて存在感があります。カリフォルニアやオレゴン、オーストラリア、ニュージーランド産のものもおすすめです。

シラー／シラーズ
Syrah/Shiraz

エキゾチックな赤。果実味が豊かでスパイシー、大地の恵みを感じるような濃い赤色の野性味あふれる品種です。他の品種より低価格でも上質なものに出会え、フランスのローヌ地方、オーストラリア、南アフリカなどでパフォーマンスの高い良質なワインが生産されています。ブレンドされる品種によって、味や香りが変化するのもお楽しみです。

ジンファンデル
Zinfandel

フレンドリーな赤。アメリカのカリフォルニア州を代表するブドウ品種です。色は黒っぽいのですが、口に含むとほどよい果実味とタンニンとのバランスがよく、なめらかな舌すべりが特徴。イタリアのプーリア州などではプリミティーヴォと呼ばれており、赤身肉の牛ステーキとの相性が抜群。女性にも好まれる飲みやすい味わいです。

白ワイン

シャルドネ
Chardonnay

黄金の白。世界中で栽培されている、白の王者といわれる品種です。香りや味わいは、育った土地や醸造方法によって大きく変わり、フランス・シャブリなどのステンレスタンク発酵ならキリッとした酸味ある辛口に、オーク樽発酵されたものはバニラ香やナッツのようなコクがプラス。飲む温度は、ほかの辛口系白ワインより高いほうが香りが立ちます。

ソーヴィニヨン・ブラン
Sauvignon Blanc

さわやかな白。ほどよい酸味があり、りんごやレモン、青草の香りのするさっぱりとした味わいが特徴。わが家では、夏の到来を告げる品種でもあります。ほかの品種とブレンドされると、もっとフルーティで複雑な味に変化したりもします。リーズナブルな価格帯では、ニュージーランド産がおすすめ。飲むときは、きちんと冷やしていただきます。

リースリング
Riesling

優美なる白。リースリングは甘いという印象をもたれがちですが、カビネットまたはシュペトレーゼという表示のものを選べば、食事にも合う上質のワインに出合えます。ドイツ品種ですが、フランスのアルザス、イタリア、オーストラリア、ニュージーランド産も素晴らしく、フルーティな香りを感じるものからすっきりしたものまでいろいろです。

その他の品種

イタリアは、上記の代表的品種だけでなく、個性豊かな品種を数多くつくっているワイン大国です。たとえば、赤ならトスカーナを主要産地とするサンジョヴェーゼは、カベルネとピノ・ノワールのいいとこ取りのような素晴らしさがあります。白なら酸味と果実味のバランスがよいピノ・グリージョや華やかなフリウラーノなどがおすすめです。ほかにも、スペインのテンプラニーリョはシルキーで品のある優しい赤ですし、フランスには香り高いゲヴェルツトラミネールやヴィオニエ、さっぱりしたミュスカなどもあります。慣れてきたら、少しずついろんな品種を試してみてください。

COLUMN

おいしくてコスパがよいのは「新世界」のワイン

　いざ、ワインを買うとなったら、気にするのはやっぱり値段です。

　ワインの値段は、クルマの値段と同じでピンキリです。日本人はどうしてもフランスワインから入りがちですが、ボルドーやブルゴーニュなど有名エリアのブランドワインは、人気があるから値段も高い。もう少し心をやわらかくしてブランドのないところにお金をかけると、同じ値段でもおいしいワインが手に入る確率が飛躍的に上がります。

　手の届きやすい価格帯でいうと、1200円以下で選ぶなら、チリ、アルゼンチン、南アフリカの新世界トリオがおすすめ。1500円以下ならイタリア、スペインが加わり、2000円までいってもいいのであれば、オーストラリア、ニュージーランド、カリフォルニアにも目を向けます。2500円を超えたら、私の場合はそこにフランスが入ってきます。

　また、予算が1200円以下の場合、無理して赤を買うよりも、白を買ったほうが満足のいくことが多い気がします。それから、赤は早めに抜栓しておいたほうが、飲みやすくなると思います。私はフランス、イタリア、スペインの旧世界の赤なら飲む5～6時間前に、それ以外の赤を飲むときも、2～3時間前には開けています。

PART 3
豚肉のレシピ

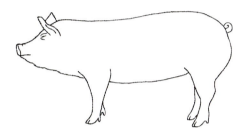

　豚肉は、調理の方法によって変化する楽しい食材です。豚肉はこってりしているのでは？と思われる方も多いですが、それは部位のなかでもバラやスペアリブくらい。ロースや、肩ロース、バックリブなどは脂身が少なく、さっぱりしています。しょうゆや砂糖の味つけだけでなく、白ワインや赤ワイン、さまざまなスパイスで煮込んでも、どんなジャンルで料理してもおいしくいただけます。

　牛肉の火入れは大事ですが、豚肉の火入れは、さらにもっとデリケート。「生で食べてはいけない。だから真っ白になるまで火をとおさなくちゃ」と調理する方も多いのですが、バラやスペアリブ以外は脂肪分が少ないため、焼きすぎるとびっくりするほどパサパサになります。

　じつは仕上がりの理想は「ホワイト」ではなく「ローズピンク」。うっすら中心がピンク色になっているというのが、やわらかさ、ジューシーさを保つうえで大切なポイントなのです。とんかつを揚げるにしても、しゃぶしゃぶをするにしても、お肉がローズピンクに仕上がるくらいの火入れ加減を目指し、調理をするとよいですよ。

　豚肉を調理するとき、私はお箸で肉をつついてみたり、揚げているときの油の音を聞いたりして、注意深くする工夫をします。おいしく、ローズピンクに仕上がるよう祈りながらつくり、最後に包丁で切ったときに理想的な仕上がりだと、ガッツポーズしたくなるような気分です。ぜひ、みなさんもいろんな豚肉料理に挑戦し、「やった～！」という快感を味わってください。

120℃ローストポーク

おもてなしにも使えてアレンジ自在。低温のオーブンでじっくり火を入れることによって、驚くほどやわらかく、濃厚なお肉のうま味を引き出すことが可能に。何度でもつくりたくなるスペシャルな一品です。

材料　4人分
豚かたまり肉（ロースまたは肩ロース）
　__500g
塩__小さじ2
にんにく__1個
粒こしょう(黒)、
　ローズマリー、
　オリーブオイル(各好みで)__各適量

つくり方
1. 豚肉は室温に戻し、焼く10分ほど前に全体に塩をふってすり込む。
2. オーブンを120℃に温め、天板に水1カップ（分量外）を入れて網を置き、その上に**1**とにんにくを薄皮をつけたままのせて60〜70分焼く（ガスオーブンの場合は短めに）。
3. **2**の豚肉を取り出し、アルミ箔に包んで20分ほど休ませる。7mm厚さに切り、焼きにんにくと好みで粒こしょう、ローズマリーを添え、オリーブオイルをかける。

MEMO：ローストポークをしっとりと焼き上げるには、500g以上のかたまり肉を使うのがおすすめ。100g増えるごとに、焼き時間を10分長くします。

オーブンの天板に水をはり、蒸気にくぐらせながら焼くと、しっとりジューシーな仕上がりに

加熱しすぎると、おいしさ半減。切ったときに中の肉の色がローズピンクの頃合いなのが、ベストな火入れ加減

おいしいアイデア
もっとおいしく、便利に楽しむテクをマスター！

オーブンを使いこなす
オーブンは電気かガスか、またビルトインかそうでないかによって、庫内の温度が変わります。いちばん正確なのはオーブン温度計を活用することですが、焼いて切ったときに、「もう少し焼いたほうがいいな」と感じたら、調理時間を10分ずつのばしていくようにするとわかりやすいです。「わが家のオーブン」の特徴を学んでみてください。

りんごジュースでさらに風味豊かに
余裕があれば、りんごジュースに1時間ほど漬け込むと、フルーティな香りがしみ込んで風味がアップ。肉の食感がよりしっとりやわらかくなり、奥行きのある味わいに。

冷凍しておけば便利に使いまわせる
ローストポークが余ったら、2枚ずつラップに包み、冷凍用保存袋に入れて冷凍しておくと、いつでもパッといろんな料理にアレンジできて便利。使うときは自然解凍で。

120°Cローストポークの
おいしいアレンジ

**ポークアボカドチーズ
グリルサンドイッチ**

濃厚なアボカド&とろ〜りチーズとの
コンビネーションがたまりません。

材料 2人分
120°Cローストポーク(P.53参照)
　__150g
好みの食パン(胚芽パンなど・8枚切り)
　__4枚
アボカド__½個
スライスチーズ__4枚
マヨネーズ、マスタード(好みで)
　__各適量

つくり方

1. ローストポークは薄切り、アボカドは皮と種を除いて縦長の薄切りにする。

2. 食パンは片面にマヨネーズと好みでマスタードを塗る。2枚1組にし、1枚の上にチーズ、1のローストポーク、アボカド、チーズの順にのせ、もう1枚をかぶせる。同様にして計2セットつくる。

3. フライパンを弱火で熱して2を並べ入れ、上から軽く押さえながらチーズがとろけるまで両面を焼く。食べやすく切る。

ローストポークの
ツナソースがけ

コクのあるツナソースで、彩りも華やかなおもてなし仕様に！

材料 4人分
120℃ローストポーク（P.53参照）
　＿500g
A｜ツナ缶（オイル漬け・缶汁をきる）
　　＿1缶（80g入り）
　｜玉ねぎ（ざく切り）＿½個
　｜マヨネーズ＿大さじ3
　｜牛乳＿大さじ2
　｜オリーブオイル＿大さじ1
　｜塩＿小さじ⅔
　｜こしょう＿適量
サニーレタス（食べやすくちぎる）、
　トマト（5mm角に切る）、
　パセリ（みじん切り）、粗びきこしょう（黒）、
　オリーブオイル＿各適量

つくり方
1. Aはミキサーに入れてかくはんし、ペースト状にする。
2. ローストポークは7mm厚さに切り、器にサニーレタスとともに盛る。**1**をかけてトマトとパセリを散らし、こしょうをふってオリーブオイルを回しかける。

ローストポークと
じゃがいものグラタン

ボリューム満点で子どもも大好き。ホワイトソースはレンジで簡単に。

材料 2〜3人分
120℃ローストポーク（P.53参照）
　＿150g
じゃがいも＿2個
A｜バター、小麦粉＿各大さじ3
　｜牛乳＿1½カップ
　｜塩＿小さじ⅔
　｜ナツメグ（あれば）＿少し
ピザ用チーズ＿½カップ
チリペッパー（または粗びきこしょう・黒）
　＿適量

つくり方
1. Aの材料でホワイトソースをつくる。耐熱容器にバターと小麦粉を入れ、ラップをせずに電子レンジ（600W）で1分30秒ほど加熱する。取り出して混ぜ、牛乳を加えてさらに混ぜる。ふんわりラップをしてレンジで5分ほど加熱し、塩とナツメグを加え、とろりとするまで混ぜる。
2. ローストポークは2cm角に切る。じゃがいもは皮をむいて2cm角に切る。
3. 耐熱皿に**1**の⅓量を敷いて**2**を広げ入れ、残りの**1**をかけてチーズを散らす。200℃に予熱したオーブンで13〜17分焼き、チリペッパーをふる。

ローストポークと
豆のさっと煮スープ

体にしみいる優しい味で、休日のブランチにもぴったりの一品です。

材料 2〜3人分
120℃ローストポーク（P.53参照）
　＿100g
好みの豆（ひよこ豆、大豆など・水煮）
　＿1缶（120g入り）
玉ねぎ＿小1個
にんじん＿½本
オリーブオイル＿大さじ1
A｜トマト缶（ホール状・半分に切る）
　　＿1缶（400g入り）
　｜すし酢＿大さじ2
　｜水＿2カップ
塩＿小さじ1
イタリアンパセリ（みじん切り・好みで）
　＿適量

つくり方
1. ローストポークは7mm角に切る。玉ねぎはみじん切り、にんじんは皮をむいて7mm角に切る。
2. 鍋にオリーブオイルを弱火で熱し、**1**の玉ねぎとにんじんを入れて3分ほど炒める。ローストポークと豆、Aを加えてさらに20分ほど煮、塩で味をととのえる。器に盛り、好みでパセリを散らす。

55

120℃ テク

お皿には、切り口を見せながらラウンド状になるように盛りつけても美しい

材料 4人分
豚ロースかたまり肉__600g
A｜バジルの葉__12枚
　｜粉チーズ__大さじ4
　｜カレー粉__大さじ1
　｜塩__小さじ½
B｜塩__小さじ1
　｜しょうゆ__大さじ1
バジルの葉__適量

つくり方
1. 豚肉は皮に沿って、2cmほどの厚さになるようにロール状に切り開く。
2. 1の内側にAのバジルの葉をまんべんなく敷き詰め、残りのAを全体にふる。具材をはさみ込むようにして巻き戻し、タコ糸で縛り、表面にBを順に塗る。
3. 天板に2をのせ、120℃に予熱したオーブンで70〜80分焼く(ガスオーブンの場合は短めに)。しっかりと粗熱を取ってから食べやすく切り、器に盛ってバジルの葉を飾る。

皮に沿って包丁を入れ、大根のかつらむきの要領でロール状に切り開いていく

ハーブロール ロースト

見た目におしゃれで、料理を持ち寄って楽しむ"ポットラックパーティ"でも「どうやってつくるの?」と注目の的。一見、難しそうですが、じつは簡単。中身を替えれば、いろんなアレンジも楽しめます。

やわらかチャーシュー

チャーシューも120℃テクを使うと、びっくりするほどやわらか。下味にしっかり漬け込み、味をしみ込ませておくのがポイントです。冷めてもおいしいので、お弁当のおかずにも使えます。

材料　4人分
豚肩ロースかたまり肉＿＿600g
A｜はちみつ、砂糖、しょうゆ、みりん、クミンパウダー（あれば）＿＿各大さじ1
　｜にんにく（すりおろす）、塩　＿＿各小さじ1
B｜砂糖、みりん、しょうゆ、酒　＿＿各大さじ3

つくり方

1. 豚肉はたこ糸で縛り、形を整える。
2. 保存用ポリ袋に合わせたAと**1**を入れ、中の空気を抜いて袋の口を閉じ、3〜4時間漬け込む。
3. **2**を取り出して天板にのせ、120℃に予熱したオーブンで60〜70分焼く（ガスオーブンの場合は短めに）。
4. フライパンにBを入れて火にかけ、半量になるまで煮詰める。
5. **3**をしっかりと粗熱を取ってから食べやすく切り、器に盛る。好みで**4**をかけていただく。

おいしい肉汁を逃さないように、しっかり冷ましてから切り分ける

バラ肉のはちみつ焼き

肉のうま味と、甘味のある脂身が堪能できるバラ肉。とくにアメリカン・ミートのバラ肉だと脂身が少なくしつこくありません。カリッと焼いた脂身に、からみつくはちみつの甘さがたまらないおいしさです。

材料 4人分
豚バラかたまり肉＿500g
塩＿小さじ2
A｜塩＿小さじ¼
　｜はちみつ＿大さじ1
マッシュポテト（P.14参照）、
　粗びきこしょう（黒・各好みで）
　＿各適量

つくり方

1. 豚肉は塩を全体にすり込む。
2. フライパンを中火で熱し、**1**の脂身の部分をこんがり色づくまで10分ほど焼く。
3. 天板に網を置き、その上に**2**をのせて脂身にAを順に塗る。120℃に予熱したオーブンで60〜70分焼く（ガスオーブンの場合は短めに）。
4. **3**を取り出し、アルミ箔に包んで20分ほど休ませてから7㎜厚さに切る。器に盛り、好みでマッシュポテトを添えてこしょうをふる。

最初にフライパンで脂身の面だけ焼いておくと、余分な脂肪が落ちて、肉汁も流れ出ない

材料　4人分

- ポークリブ（バックリブまたはスペアリブ）
  　700〜800g
- A ┃ しょうゆ＿大さじ1
  　┃ にんにく（すりおろす）＿小さじ1
- 塩＿小さじ1
- B ┃ カリフラワー＿1個
  　┃ 牛乳＿大さじ3
  　┃ マヨネーズ＿大さじ2
- 粗びきこしょう（黒）、タイム（あれば）
  　＿各適量

つくり方

1. ポークリブはAをまぶし、さらに塩をすり込む。
2. 天板に網を置き、その上に**1**を骨のついたほうを下にしてのせ、120℃に予熱したオーブンで70分ほど焼く（ガスオーブンの場合は短めに。スペアリブを使うときは長めに焼く）。
3. Bの材料でグラタンをつくる。カリフラワーは熱湯でやわらかくゆで、熱いうちにつぶして牛乳とマヨネーズを加え混ぜる。耐熱皿に入れ、200℃に予熱したオーブンで15分ほど焼く（またはオーブントースター〈1000W〉で10分ほど焼く）。
4. 器に**2**を盛ってこしょうをふり、**3**とあればタイムを添える。

MEMO：ポークリブはかたまりが手に入ったら大きいまま焼き、焼いたあとに切り分けてください。

120℃テク

骨と骨の間に包丁を入れて1本ずつに切り分ける。すっすっ切れるので、初めてでも大丈夫

ポークリブの
ガーリックしょうゆ焼き

調理してみると、意外と簡単なポークリブ。あっさりした味が好みなら、バックリブでつくるのがおすすめです。香ばしいガーリックしょうゆ風味が、食欲をかきたてて、ビールにもワインにもよく合います。

ポークステーキ

ぎりぎりの火入れを目指したい、ポークステーキ。表面をさっと焼きつけたら、弱火にして時間をかけて焼くことで、しっとりやわらかく仕上がります。子どもたちにも大好評の一品です。

材料　4人分

<u>豚ロース厚切り肉</u>(2.5cm厚さ)
　　2枚（1枚250g程度）
塩__小さじ1½
白ワイン__½カップ
こしょう__適量
A｜白いんげん豆(水煮)
　　　　1缶(200g入り)
　｜トマト(1cm角に切る)__中1個
　｜すし酢、オリーブオイル
　　　　各大さじ2
　｜塩__少々
　｜イタリアンパセリ(みじん切り)
　　　　大さじ1
レモンの皮(すりおろす・好みで)__適量

つくり方

1. 豚肉は筋切りをし、両面に塩をすり込む。
2. フライパンを強火で4分ほど熱し、1を並べ入れ、表裏を30秒ずつ焼く。火を弱め、焦げ目がつかないようにさらに表裏を3分ずつ焼き、取り出す。
3. 2のフライパンに白ワインを加えて中火で熱し、肉汁を煮詰め、こしょうをふる。
4. Aの材料で豆のサラダをつくる。ボウルにすし酢とオリーブオイル、塩を混ぜ合わせ、白いんげん豆とトマトを加えてあえ、パセリをふる。
5. 器に2と4を盛り、肉に3をかけ、好みでレモンの皮をふる。切り分けていただく。

豚肉は厚切りのものがおすすめ。手に入らなければ、かたまり肉を買ってきて切り分けても

トンテキ

ビフテキがごちそうならば、トンテキは親しみやすい庶民の味。お肉を半生ぐらいまで焼いたらカットして、ソースをからめながら優しく火を入れると、味もしっかりからんでやわらかく仕上がります。

材料 4人分
豚ロース厚切り肉（1.5cm厚さ）
　＿4枚（600g）
塩＿小さじ½
バター＿20g
A｜砂糖、みりん、しょうゆ、酒、トマトケチャップ、中濃ソース＿各大さじ2
キャベツ（食べやすい大きさにちぎる）
　＿適量

つくり方

1. 豚肉は筋切りをし、両面に塩をふる。
2. フライパンを中火で熱してバターを溶かし、1を並べ入れる。表裏を30秒ずつ焼いたら弱火にしてフタをし、表裏をさらに3分ずつ焼いて取り出し、粗熱を取って1.5cm幅に切る。
3. 2のフライパンの油をふき、合わせたAを入れて強火で30秒ほど煮詰め、2を戻し入れてからめる。器に盛り、キャベツを添える。

トマトとチーズの
ジューシーカツレツ

いつものとんかつをソースの工夫で、おしゃれなごちそうに変身させました。揚げたあと、すぐ切らずに1～2分おき、余熱で中まで火をとおして食べれば、ジューシーさも格別です。

材料　4人分
豚ロース厚切り肉(2.5cm厚さ)
　　2枚(1枚250g程度)
A｜塩__小さじ1⅓
　｜こしょう__適量
B｜小麦粉__⅓カップ
　｜卵(溶きほぐす)__1個
　｜パン粉__½カップ
オリーブオイル(または植物油)
　　½カップ
C｜トマト(1cm角に切る)__½個
　｜イタリアンパセリ(みじん切り)、
　｜　パルメザンチーズ(すりおろす)
　｜　　__各大さじ2
　｜レモンの皮(すりおろす)__小さじ1
レモン__½個

つくり方
1. 豚肉は筋切りをし、両面にAをふる。Bの小麦粉をたっぷりはたき、残りのBを順につける。
2. フライパンにオリーブオイルを入れて170℃に熱し、**1**を入れ、弱火で表裏を4分ずつ揚げ焼きにし、油をきる。
3. **2**をそのまま1～2分おいてから斜めにそぎ切る。器に盛り、Cを順にかけ、食べる直前にレモンを絞る。

ポークのミルク煮

イタリアのボローニャ地方の伝統料理で、名前のごとく牛乳だけでコトコト煮ます。シンプルですが、お肉はホロホロ、煮詰めた牛乳はコクのあるおいしいソースに。煮込み料理には肩ロースやバラがおすすめ。

材料　4人分

豚肩ロースかたまり肉＿＿600g
塩＿＿小さじ1
玉ねぎ＿＿½個
にんにく＿＿2かけ
オリーブオイル＿＿大さじ2
牛乳＿＿3カップ
固形スープ(砕く)＿＿1個
グリーンオリーブ、こしょう、
　粉チーズ、パセリ(みじん切り・各好みで)
　＿＿各適量

つくり方

1. 豚肉は全体に塩をまぶす。
2. 玉ねぎはみじん切り、にんにくは薄切りにする。
3. 厚手の鍋にオリーブオイルを中火で熱し、1を入れて全面に焼き色をつける。2を加えてさっと炒め、牛乳を加える。煮立ったら弱火にし、2時間ほど煮て固形スープを加える。
4. 3の豚肉を取り出し、食べやすい大きさに切る。器に盛って煮汁をかけ、好みでグリーンオリーブを飾り、こしょう、粉チーズ、パセリをふる。

MEMO：煮汁は好みでこしてからかけても。つくりたてよりも、翌日のほうがしっとりしてよりおいしくいただけます。また、このレシピは牛乳がフタに詰まるので、圧力鍋では調理できません。

材料 4人分

豚肩ロースかたまり肉＿＿600g
白いんげん豆(水煮)＿＿1缶(200g入り)
玉ねぎ＿＿大1個
にんにく＿＿1かけ
サラダ油＿＿大さじ1

A | チリパウダー＿＿小さじ1〜2
　| パプリカパウダー(あれば)、
　| コリアンダーパウダー(あれば)
　| ＿＿各大さじ1

B | トマト缶(ホール状・手でつぶす)
　| ＿＿1缶(400g入り)
　| 水＿＿½カップ

C | 固形スープ(砕く)＿＿1個
　| トマトケチャップ＿＿大さじ1
　| 砂糖、塩＿＿各小さじ1

つくり方

1. 豚肉は縦3等分に切る。玉ねぎとにんにくはみじん切りにする。

2. 圧力鍋にサラダ油を中火で熱し、1の玉ねぎとにんにくを炒める。しんなりしたらAを加えてさっと炒め、全体になじませる。豚肉とBを加え、フタをして強火にする。蒸気が上がったら弱火にして30分ほど加圧し、火を止めて流水をかけて圧を抜く(普通の鍋を使う場合は水1カップを加え、煮立ったら弱火で2時間ほど煮込む)。

3. 2の粗熱が取れたら、豚肉を取り出して食べやすい大きさに切る。鍋に戻し入れてCで味をととのえ、白いんげん豆を加えてさっと煮る。

チリコンポーク

トマト味のスパイシー煮込みは、ひき肉ではなく、大きなお肉が入っているから食べごたえもあります。アボカドディップとトルティーヤで巻いて食べても。チリパウダーは辛いので好みで調整してください。

ポークリブの白ワイン煮

フライパンで30分煮るだけの簡単料理です。白ワインをたっぷり入れることでほどよい酸味がつき、さっぱりなのに高級感のある味わいに。おいしい白ワインと一緒にどうぞ。

材料 4人分

- ポークリブ(バックリブまたはスペアリブ) __ 700〜800g
- にんにく __ 1かけ
- オリーブオイル __ 大さじ2
- A │ 白ワイン __ 1カップ
  │ 砂糖、塩 __ 各小さじ1
  │ 水 __ ½カップ
- グリーンオリーブ(あれば) __ ½カップ
- イタリアンパセリ(粗みじん切り)、粗びきこしょう(黒) __ 各適量

つくり方

1. ポークリブはかたまりであれば、1本ずつに切り離す。にんにくは薄切りにする。
2. フライパンにオリーブオイルを中火で熱し、**1**のポークリブを並べ入れて表面をさっと焼く。にんにくとAを加え、フタをして弱火で30分ほど煮る(スペアリブは50分ほど煮る)。火を止める直前にあればオリーブを加え、ひと混ぜする。器に盛り、パセリを散らし、こしょうをふる。

ポークリブの韓国風煮込み

ポークリブを甘辛スープで煮た、韓国料理のカムジャタン風のおかずです。コクがあってご飯もすすむので、あとはキムチとワカメスープなどを用意すれば、大満足の食卓になります。

材料 4人分

- ポークリブ（バックリブまたはスペアリブ）__700〜800g
- 玉ねぎ__中1個
- にんにく__1かけ
- A
  - 酒__1カップ
  - トマトケチャップ、コチュジャン__各大さじ2
  - しょうゆ__大さじ1〜1½
  - ごま油__大さじ1
  - はちみつ__小さじ2
  - チリパウダー（好みで）__小さじ1
  - 塩__小さじ½
- オクラ（ゆでて縦半分に切る・好みで）__適量

つくり方

1. ポークリブはかたまりであれば、1本ずつに切り離す。玉ねぎはみじん切り、にんにくは薄切りにする。
2. 圧力鍋に1とAを入れ、フタをして強火にかける。蒸気が上がったら弱火にして25分ほど加圧し、火を止めて流水をかけて圧を抜く（普通の鍋を使う場合は水2カップを加え、煮立ったら弱火で2時間〜2時間30分煮る）。器に盛り、好みでオクラを添える。

サムギョプサル

サムギョプサルとは豚バラかたまり肉の焼き肉のこと。厚めに切ってグリルで焼くと、こんがりジューシー。アメリカン・ポークのバラならあっさりしているうえ、野菜もいっぱい食べられるのが魅力です。

材料　4人分
豚バラかたまり肉__500g
味つけ塩こしょう
　（市販品・または塩、こしょう）__小さじ1
A｜好みの葉(サニーレタス、サンチュ、
　　　グリーンカールなど)__12枚
　｜青じそ__1束
　｜しょうが(千切り・好みで)__1かけ
　｜にんにく(薄切り・好みで)__2かけ
　｜長ねぎ(芯を除いて千切り・好みで)__1本
　｜白菜キムチ、香菜(好みで)__各適量
B｜酢、レモンの絞り汁__各大さじ2
　｜コチュジャン(または豆板醤)、
　　　砂糖、ごま油__各大さじ1

つくり方
1. 豚肉は全体に味つけ塩こしょうをふる。
2. フライパンを中火で熱し、**1**の脂身の部分をこんがりと色づくまで10分ほど焼く。7㎜厚さに切り、再び塩こしょうをふる。
3. 魚焼きグリルを熱して**2**を並べ入れ、両面がきつね色になるまで中火で3～4分焼く。器に盛り、Aと合わせたBを添え、葉っぱに肉と野菜をのせてソースをかけ、くるりと巻いていただく。

材料 4〜6人分
豚バラかたまり肉＿＿1kg
A | しょうが(薄切り)＿＿3枚
　| 水＿＿6カップ
B | しょうが(薄切り)＿＿3枚
　| 酒＿＿1カップ
　| 砂糖、しょうゆ＿＿各½カップ
　| みりん＿＿大さじ4
　| はちみつ＿＿大さじ2
　| ナンプラー(またはしょうゆ)
　| ＿＿大さじ1
長ねぎ(芯を除いて千切り・好みで)＿＿適量

つくり方
1 圧力鍋に豚肉とAを入れ、フタをして強火にかける。蒸気が上がったら弱火にして20分ほど加圧し、火を止めて流水をかけて圧を抜く(普通の鍋を使う場合は、たっぷりの水で1時間30分〜2時間下ゆでする)。

2 1の豚肉を取り出して流水で洗い、3cm厚さに切る。ゆで汁2カップ分をとっておく。

3 圧力鍋をさっと洗い、2の豚肉とゆで汁、Bを入れ、上にペーパータオルをのせる。フタをして強火にかけ、蒸気が上がったら弱火にして10分ほど加圧する(普通の鍋を使う場合は水1カップを加え、煮立ったら弱火で1時間ほど煮る)。火を止めて、そのまま3時間からひと晩休ませる。器に盛り、好みで長ねぎをのせる。

豚の角煮

甘辛味のとろけるような豚の角煮。バラ肉なのにギトギトしたくさがまったくないのは、下ゆでして余分な脂を除いてあるからです。好みでゆで卵を一緒に煮たり、ご飯にのせて角煮丼にしたりしても。

ペーパータオルをかぶせると煮汁が上までくるので、肉が空気にふれず、表面の乾燥が防げる

やわらかしゃぶしゃぶ

しゃぶしゃぶは、火を止めて80℃くらいの低めの温度でゆっくりゆでる。これさえ守れば、しっとりとした極上のおいしさに。サラダ仕立てにして、食欲をそそるピリ辛ソースでいただきます。

材料 4人分
豚薄切り肉（ロース、肩ロースなど）
　__300g
きゅうり__2本
セロリ__½本
A｜マヨネーズ、すりごま（白）、
　｜食べるラー油（またはごま油）、
　｜すし酢__各大さじ2
　｜しょうが（すりおろす）__大さじ1
香菜（葉先を摘む・好みで）__適量

つくり方

1. きゅうりはピーラーでリボン状にスライスし、水にさらして水気をきる。セロリは筋を除いて斜め薄切りにする。
2. 鍋にたっぷりの水と酒少し（分量外）を入れて火にかける。沸騰したら火を止め、豚肉を入れてそのまましばらくおき、肉の色が変わったらザルに上げて水気をきる。
3. 器に1を敷いて2をのせ、合わせたAをかける。好みで香菜をのせる。

湯が沸騰したら火を止め、やや低めの温度（80℃）で肉を浸すようにしてゆでると、やわらかく仕上がる

トンから揚げ

から揚げは鶏肉だけでなく、豚肉でもぜひつくってみてください。下味にはナンプラーを効かせ、片栗粉をつけて揚げるだけで、サクサク食感の、ご飯にもお酒にも合う絶品おかずになりますよ。

材料　4人分
豚かたまり肉(肩ロースまたはロース)__300g
A｜しょうが(すりおろす)、酒、ナンプラー__各大さじ1
　｜にんにく(すりおろす)、砂糖、しょうゆ__各小さじ1
片栗粉__1カップ
揚げ油__適量
いんげん(素揚げする)、マヨネーズ(各好みで)__各適量

つくり方
1. 豚肉は1cm厚さの斜めそぎ切りにする。
2. バットにAを混ぜ合わせ、1を入れてさっとからめ、片栗粉をたっぷりまぶす。
3. 揚げ油を170℃に熱し、2を入れてこんがりと色づくまで3～4分揚げる。器に盛り、好みでいんげん、マヨネーズを添える。

肉はたれに長い時間漬け込むとかたくなるので、さっとからめたらすぐに揚げる

ちまき風炊き込みご飯

お肉たっぷりの中華風の炊き込みご飯はごちそう感があって、人が集まるときにもぴったり。お肉の煮汁もムダなく活用します。

材料 4人分

<u>豚肩ロースかたまり肉</u>＿＿ 500g
米＿＿ 1.5合
もち米（または米）＿＿ 1.5合
A｜しょうが（薄切り）＿＿ 10枚
　｜砂糖、みりん、しょうゆ、酒＿＿各大さじ3
　｜水＿＿ 2カップ
干ししいたけ＿＿ 3枚
B｜酒＿＿ 大さじ2
　｜オイスターソース＿＿ 大さじ1
　｜砂糖、塩、ごま油＿＿各小さじ1
　｜水＿＿ 2カップ
ぎんなん＿＿ 10粒

MEMO：仕上げに長ねぎのみじん切りや、彩りに三つ葉、青じそ、香菜などをのせても。

つくり方

1. 米ともち米は一緒に洗い、ザルに上げて30分ほどおく。
2. 豚肉は3cm角に切り、圧力鍋に入れてAを加え、フタをして強火にかける。蒸気が上がったら弱火にして20分ほど加圧し、火を止めて流水をかけて圧を抜く（普通の鍋を使う場合は水1カップを加え、煮立ったら弱火で1時間30分ほど煮る）。
3. 干ししいたけは水で戻し、石づきを除いて1cm角に切る。
4. 土鍋に**1**を入れ、**2**の煮汁1カップとBを合わせて加える。豚肉、**3**、ぎんなんを広げのせ、フタをして火にかける。沸騰したら弱火にして13分ほど炊き、火を止めて10分ほど蒸らす（炊飯器を使う場合は、具材を上にのせて普通に炊く）。

材料 4人分

- ポークリブ(バックリブまたはスペアリブ) __ 700〜800g
- 大根 __ ⅓本
- A
  - しょうが(薄切り) __ 8枚
  - にんにく(薄切り) __ 1かけ
  - 酒 __ 大さじ4
  - 薄口しょうゆ(またはナンプラー) __ 大さじ1
  - 塩、ごま油 __ 各小さじ1
  - うま味調味料(好みで) __ 少し
  - 水 __ 7カップ
- 青唐辛子(小口切り)、しょうが(みじん切り・各好みで) __ 各適量

つくり方

1. ポークリブはかたまりであれば、1本ずつに切り離す。
2. 圧力鍋に1とAを入れ、フタをして強火にかける。蒸気が上がったら弱火にして25分ほど加圧し、火を止めて流水をかけて圧を抜く(普通の鍋を使う場合は、煮立ったら弱火で1時間ほど煮る)。
3. 大根は皮をむいて2cm厚さの輪切りにし、大きければさらに半分に切る。
4. 2に3を加え、アクと余分な脂をすくう。再びフタをして強火にかけ、蒸気が上がったら弱火にして2分ほど加圧し、火を止めて流水をかけて圧を抜く(普通の鍋を使う場合は、煮立ったら弱火で15〜20分煮る)。器に盛り、好みで青唐辛子としょうがを散らす。

ポークリブと大根の さっぱり煮

どんぶりで食べたい、主菜になるおかずスープです。ポークリブからいいだしが出るので、薄味でも深みがあり、しみじみと心温まるおいしさに。大根の代わりに夏なら冬瓜でつくるのもおすすめです。

スペアリブを煮たあと、アクと脂を丁寧にすくうことで、上品で澄んだ味わいになる

ごろごろ野菜の豚汁

豚汁は、豚肉をごま油でさっと炒めてからつくると、こっくりとした味わいに仕上がります。具の野菜は大きめに切るのがポイント。ボリューム満点で汁物とおかずが兼ねられます。

材料　4人分
豚バラ薄切り肉＿＿200g
ごぼう＿＿10cm
にんじん＿＿1本
こんにゃく＿＿½枚
じゃがいも(または里いも)＿＿2個
ごま油＿＿小さじ½
だし汁(または水)＿＿4カップ
みそ＿＿大さじ4
長ねぎ(小口切り)、三つ葉(ざく切り)、
　赤唐辛子(小口切り・各好みで)＿＿各適量

つくり方

1. 豚肉は大きければ食べやすく切る。
2. ごぼうは皮をこそげて乱切り、にんじんは皮をむいて乱切りにする。こんにゃくは手で食べやすい大きさにちぎる。じゃがいもは皮をむいてひと口大に切る。
3. 鍋にごま油を中火で熱し、1を入れてさっと炒める。だし汁と2を加え、煮立ったらフタをして野菜がやわらかくなるまで弱火で15分ほど煮、みそを溶き入れる。器に盛り、好みで長ねぎ、三つ葉、赤唐辛子を散らす。

かごしま風豚鍋

鹿児島で出合った感激の味を再現しました。だしの効いた麺つゆ仕立てのしゃぶしゃぶは、さっぱりしていていくらでも食べられるおいしさ。最後はそばやうどんで締めましょう。

材料 4人分

豚薄切り肉(ロース、バラ)
　合わせて500g
白菜__4枚
長ねぎ__1本
えのきだけ__1袋
しめじ__1パック
しいたけ__6枚
春菊__2/3袋
豆腐(木綿)__1丁
しらたき__1袋
A｜麺つゆ(2倍濃縮)、水
　　各3 1/2カップ
　｜砂糖(好みで)__大さじ2
B｜すりごま(白)、豆板醤、
　　砂糖、しょうゆ、すし酢
　　各大さじ1
卵__適量

つくり方

1. 白菜は5cm角に切る。長ねぎは斜め薄切り、えのきだけ、しめじは石づきを除いて小房に分ける。しいたけは軸を除き、十字の切り目を入れる。春菊は長さを半分に切る。豆腐は6等分に切る。しらたきは下ゆでしてアクを除く。

2. 鍋にAを沸かして豆腐、野菜の順に入れ、豚肉をしゃぶしゃぶし、火のとおったものから合わせたBまたは鍋つゆに卵を加えたものにつけていただく。

ロース肉をしゃぶしゃぶするときは、肉を箸でつかんだまま湯にくぐらせ、色が薄いピンクに変わったらすぐに引き上げる。バラ肉はじっくりと火をとおしたほうがよい

ごま油風味のきのこ鍋

この料理は、豚肉ときのこをシンプルに楽しむ鍋です。ごま油とにんにくの風味が味の決め手で、うま味の出たスープごといただくと食べるそばから体もポカポカに。お好みでコチュジャンをつけても。

材料 4人分

豚薄切り肉(肩ロース、バラなど)__600g
しいたけ__8枚
えのきだけ__2袋
しめじ__2パック
まいたけ__1パック
A
　にんにく(薄切り)__2かけ
　ごま油__大さじ4
　砂糖、しょうゆ__各大さじ2
　顆粒鶏ガラスープ__小さじ2
　塩__小さじ½
　水__6カップ
一味唐辛子__適量

つくり方

1　しいたけは石づきを除いて縦4等分に切る。えのきだけ、しめじ、まいたけは石づきを除いて小房に分ける。

2　鍋にAのにんにくとごま油を入れ、中火にかけてさっと炒め、残りのAを加える。煮立ったら豚肉と1を加え、一味唐辛子をふり、煮えたものから汁ごと取り分けていただく。

材料 4人分
豚薄切り肉(肩ロース、バラなど)__600g
エリンギ__1パック
クレソン__2束
ルッコラ__1束
A | オリーブオイル__大さじ4
　| にんにく(薄切り)__2かけ
　| 固形スープ(砕く)__1個
　| ナンプラー__大さじ1
　| 塩__小さじ2
　| 赤唐辛子(みじん切り)__適量
　| ゆずの皮(みじん切り)__少し
　| 水__8カップ
B | レモンの絞り汁__1個分
　| 味つけ塩こしょう(市販品)
　| 　__大さじ1
　| 　(または塩小さじ1½、こしょう少し)
　| 砂糖__小さじ½

つくり方
1. エリンギは手で縦に細く裂く。クレソンとルッコラは長さを半分に切る。
2. 鍋にAのオリーブオイルとにんにくを入れ、弱火にかけて3分ほど炒め、残りのAを入れる。煮立ったら1と豚肉を加え、煮えたものからいただく。好みで合わせたBをかけても。

洋風ポーク鍋

オリーブオイルの風味を生かした洋風鍋は、さっぱりなのにコクがあります。豚肉はもちろん、鍋には普段あまり使わない西洋野菜との相性もよく、ワインと楽しむ鍋パーティにもぴったりですよ。

PART 4
FOOD DAYSのレシピ

　赤身肉のステーキと赤ワインをいただくのが大好きです。なぜなら「消化によく、次の日元気になる」と体感しているからです。でも、おいしい赤身肉はなかなか日本では味わうことができません。そのため、仕事でアメリカやヨーロッパに行くときは、事前においしいステーキ屋さんに予約を入れていました。

　米国食肉輸出連合会（USMEF）のレシピ開発のお仕事をさせていただいたとき、お肉があまりにおいしくて驚きました。日本でもこんなにおいしいアメリカン・ビーフが手に入るのかと。「こんなお肉がいつも食べられたらいいなぁ」と考えているうちに、東京・新橋に『FOOD DAYS』というステーキレストランをオープンすることになりました。

　じつはおいしいステーキを味わうのに、素材の質も大切ですが、お肉を一定期間熟成させることも大切です。熟成にはドライエイジングとウェットエイジングの2種類があり、海外でおいしいと思ったお肉の多くはウェットエイジングでした。

　いろいろ試してみた結果、ステーキはその方法で一定期間熟成させ、厚切りにしてバターで焼き色をつけ、オーブンで仕上げるという方法で提供することにしました。そして、合わせていただくのは私の第二の故郷であるカリフォルニア・ソノマのワイン。レストランをオープンして3年以上たちますが、お肉の熟成とワインのペアリングの奥深さは、それだけで一冊の本が書けるほどです。

　お肉をメインとして食べるときに大切なのは、前菜やパスタはある程度軽めであることだと思います。今回はそんなFOOD DAYSのお肉に合うレシピを、飯島シェフに教えてもらいました。ぜひ、レストランの味をお楽しみくださいね。

FOOD DAYS のステーキ

看板メニューは、熟成プライムアンガスビーフ。フライパンで焼き色だけつけたら高温のオーブンで優しく火を入れ、塩＆黒こしょうのシンプルな味つけで、赤身肉のおいしさを引き立てています。

材料　2人分
牛ステーキ用肉(リブアイ・3cm厚さ)
　__400g
塩__小さじ1
オリーブオイル__大さじ2
バター__20g
A｜塩__少し
　｜粒こしょう(黒)__適量
パセリ(みじん切り)__適量

つくり方

1 牛肉は室温に30分おいて戻し、焼く10～20分前に塩をふる。

2 フライパンを強火で煙が出る直前まで熱々に熱してオリーブオイルをなじませ、1を入れ、焼き色がつくまで、側面と底面を1～2分焼く。中火にしてバターを加え、上下を返してスプーンで焼き油を肉にかけながら焼き、表面全体に焼き色をつける。

3 耐熱皿に2を入れ、250℃に予熱したオーブンで3～4分焼く。器に盛り、仕上げにAをふってパセリをのせる。

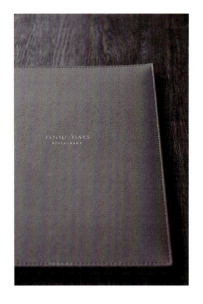

スパニッシュオムレツ

じゃがいもと玉ねぎを素揚げにして卵液に加え、スクランブルエッグに。さらにオーブンで焼いて完全に火をとおすと、冷めてもおいしく、日もちもします。好みで季節の野菜などを混ぜて焼いても。

材料 直径20〜22cmのオムレツ用フライパン・1台分

- じゃがいも(キタアカリ)__3個(600g)
- 玉ねぎ__1個(200g)
- 揚げ油__適量
- A | オリーブオイル__小さじ2
    | 塩、粗びきこしょう(黒)__各適量
- B | トリュフ(薄切り・あれば)__5g
    | トリュフオイル(あれば)__小さじ1
- 卵(溶きほぐす)__8個
- C | 塩、粗びきこしょう(黒)__各適量
    | オリーブオイル__小さじ4
- オリーブオイル__適量
- D | 塩、オリーブオイル__各少し
- E | マヨネーズ__大さじ4
    | オリーブオイル__小さじ2
    | にんにく(すりおろす)、
    | レモンの絞り汁、塩__各適量

つくり方

1. じゃがいもは皮をむいて縦4等分に切って薄切りにし、水にさらして水気をふく。玉ねぎは半分に切って薄切りにする。

2. 揚げ油を160℃に熱して **1** を入れ、薄く色づくまで揚げる。油をきってボウルに入れ、Aを加えてあえ、あればBも加える。溶き卵を加えて混ぜ、Cも加えて10〜15分おく。

3. フライパンに多めのオリーブオイルを強火で熱し、**2** を流し入れ、手早く混ぜてスクランブルエッグ状にする。フライパンの中で形を整え、周りの縁にオリーブオイルを流し入れ、200℃に予熱したオーブンで4〜5分焼く。取り出して上下を返し、再び5〜7分焼く。これを4〜5回繰り返し、完全に火をとおす。皿に取り出してラップをし、粗熱が取れたら冷蔵庫でひと晩冷ます。食べやすい大きさに切って器に盛り、Dをふって合わせたEを添える。

材料 2人分

好みの野菜やハーブ(リーフレタス、マッシュルーム、紅芯大根、ラディッシュ、マイクロトマト、エストラゴン、グリーンオリーブなど)＿3カップ(350g)

A ｜ エストラゴン(みじん切り)＿4枚
｜ オリーブオイル＿大さじ1
｜ 白ワインビネガー、すし酢＿各小さじ½
｜ 塩＿小さじ¼

パセリ(みじん切り)、ピンクペッパー(あれば)＿各適量

つくり方

1. 野菜とハーブは食べやすい大きさに切る。
2. ボウルにAを混ぜ合わせ、**1**を加えてあえる。器に盛り、パセリとあればピンクペッパーを散らす。

ハーブサラダ

ステーキに合う、お店でいちばん人気のサラダ。店では26種類の野菜を使っていますが、家ならベビーリーフミックスでOK。ハーブを散らしたり、カラフルな野菜をプラスしてみてください。

いんげんと マッシュルームのサラダ

いんげんの歯ごたえを楽しむサラダです。かたゆでにしたいんげんだけ先にマリネしておくと、味がなじんでより美味に。仕上げのレモンで、さわやかな香りのアクセントをつけます。

材料　2人分
いんげん__100g
マッシュルーム__3個
A｜オリーブオイル__大さじ1
　｜玉ねぎ(みじん切りにし、水にさらして水気をきる)、白ワインビネガー、すし酢__各大さじ½
　｜レモンの絞り汁__小さじ½
　｜塩__小さじ¼
　｜にんにく(すりおろす)__少し
レモンの皮(すりおろす)__適量

つくり方

1. いんげんは筋を除き、塩適量を加えた熱湯(2カップの湯に大さじ1が目安)でかためにゆでる。水にさらして水気をきり、斜め2等分に切る。
2. マッシュルームは石づきを除き、薄切りにする。
3. ボウルにAを混ぜ合わせ、1を加えてあえる(時間があれば、冷蔵庫に入れて味をなじませる)。食べる直前に2を加えてあえ、器に盛ってレモンの皮を散らす。

季節野菜のピクルス

野菜はゆでずに塩もみし、余分な水分を除いてから漬け込みます。カリフラワーはボロボロと実がこぼれないよう、芯に近い根元の部分を使用。店では1週間以上おき、味がなじんだものを出しています。

材料　つくりやすい分量
好みの野菜(カリフラワー、きゅうり、パプリカ、大根、かぶ、にんじん、セロリ、ズッキーニなど)__適量
A｜白ワインビネガー、すし酢__各125cc
　｜グラニュー糖(または砂糖)__62g
　｜ディル__2～3本
　｜ローリエ__1～2枚
　｜ローズマリー、エストラゴン、赤唐辛子__各1～2本
　｜こしょう__小さじ1
　｜クローブ__小さじ½
　｜水__1¼カップ
塩__適量
青唐辛子の酢漬け(市販品・あれば)__2本

つくり方

1. Aの材料でピクルス液をつくる。鍋にすべての材料を入れてグラニュー糖が溶けるまでさっと温め、冷ましておく。
2. 野菜はひと口大に切る。大きめのボウルに入れて塩を加えてよくもみ、しんなりしたらさっと水洗いし、ザルに上げて水気をきる。
3. 保存容器に1を入れて2を漬け込み、冷蔵庫で保存する。食べるときに、青唐辛子の酢漬けを添える。

MEMO：ピクルス液は2～3回繰り返して使用できます。

野菜グリル

フライパンで両面に焼き色をつけてからオーブンで焼くことで、余分な水分が抜けて甘味やうま味が凝縮。野菜がもつ本来のおいしさが味わえます。赤、緑、白、黒を組み合わせ、彩りよく仕上げます。

材料　2人分
好みの野菜（モロッコいんげん、ズッキーニ、
　大根、紅芯大根、黒大根、かぶ、にんじんなど）
　＿1½カップ（170g）
塩、粗びきこしょう（黒）、
　オリーブオイル＿各適量

つくり方
1. 野菜は食べやすい大きさに切る。
2. フライパンを強火で熱して1を入れ、両面に焼き色をつける。
3. 耐熱皿に2を入れ、250℃に予熱したオーブンで4～5分焼く。器に盛って塩、こしょうをふり、オリーブオイルを回しかける。

野菜は、最初にフライパンで軽く焦げ目がつくまで焼き、余分な水分を抜く

マッシュポテト

バターと生クリームをたっぷり使った、ガーリック風味のマッシュポテトです。泡立て器でつぶしながら混ぜると、濃厚なのにふわっとして口溶けなめらか。ステーキのソースにするのもおすすめです。

材料 つくりやすい分量

- じゃがいも（メークイン）__3個（500g）
- にんにく__2かけ
- A | バター、生クリーム__各大さじ2
     | 塩、こしょう__各適量

つくり方

1. じゃがいもは皮をむいてひと口大に切る。にんにくは薄切りにする。
2. 鍋に1を入れ、かぶるくらいの水と塩適量（分量外）を加えて火にかける。じゃがいもに竹串がスッととおるようになるまでゆで、ザルに上げて水気をきる。
3. ボウルに2を入れてAを加え、泡立て器でつぶしながらピューレ状になるまで混ぜる。

MEMO：かたさは生クリームの量で調整します。肉のソースにするならゆるめに仕上げてもおいしいですよ。

トマトクリームパスタ

シンプルなトマトソースに生クリームを加えることで、コクとなめらかさをアップ。レモン風味が効いているので、お肉のあとでもさっぱりといただける、男子にも人気のパスタです。

材料 2人分
好みのパスタ(リングイネなど)__140g
A┃トマト缶(ホール状・手でつぶす)
　┃　__1缶(400g入り)
　┃オリーブオイル__大さじ2
　┃にんにく(薄切り)__1かけ
　┃赤唐辛子(みじん切り)__1本
　┃砂糖、塩__各小さじ½
生クリーム__大さじ2
B┃オリーブオイル__小さじ1
　┃パルメザンチーズ(すりおろす)
　┃　__大さじ2
　┃レモンの皮(すりおろす)__¼個分
　┃パセリ(みじん切り)__小さじ1

つくり方

1 Aの材料でトマトソースをつくる。鍋にオリーブオイルとにんにくを入れ、弱火にかける。香りが立ったらトマトを加え、残りの調味料も加えてフタをして12分ほど煮る。

2 別の鍋に湯を沸かして塩適量(分量外・2ℓの湯に大さじ2の塩が目安)を入れ、パスタをかためにゆでる。

3 フライパンに**1**の半量と生クリームを入れ、火にかけて温める。**2**がゆで上がったら水気をきって加え、さっと煮からめる。器に盛り、Bをふる。

MEMO：残ったトマトソースは冷凍できます。

ボロネーゼ

店では切り落としたステーキ肉をじっくり煮込み、2日がかりでラグーをつくります。お肉のうま味が濃く、ショートパスタと相性抜群!

材料 2人分
好みのパスタ(リガトーニなど)__160g
A│牛かたまり肉(好みの部位)__500g
　│赤ワイン__¾カップ
　│ローリエ、塩、粗びきこしょう(黒)、
　│　グラニュー糖(または砂糖)__各適量
　│オリーブオイル__小さじ2
　│にんにく(ゆでてつぶす)__1½かけ
　│オニオンソテー(市販品)__50g
　│トマトソース(P.86参照)__¾カップ
トマトソース(P.86参照)__80g
生クリーム__½カップ
塩、粗びきこしょう(黒)__各適量
B│粉チーズ__20g
　│オリーブオイル__大さじ½弱
C│オリーブオイル、粗びきこしょう(黒)、
　│パルメザンチーズ(すりおろす)、
　│パセリ(みじん切り)__各適量

つくり方

1 Aの材料でラグーをつくる。牛肉は1cm角に切り、一度ゆでこぼしてから圧力鍋に入れる。赤ワインを加え、水をひたひたに注いでローリエ、塩、こしょうを加え、フタをして火にかける。蒸気が上がったら弱火にして20分ほど加圧し、火を止めて流水をかけて圧を抜く。粗熱を取って保存容器にゆで汁ごと入れ、冷蔵庫でひと晩寝かせ、上に固まった白い脂を取り除く。鍋にオリーブオイルとにんにくを入れて弱火にかける。香りが立ったらオニオンソテーを加えてさっと炒め、牛肉をゆで汁ごと加えて煮詰める。トマトソースを加えて煮込み、煮詰まったら塩、こしょう、グラニュー糖で味をととのえる(時間があれば、冷蔵庫でひと晩寝かせる)。

2 別の鍋に湯を沸かして塩適量(分量外・2ℓの湯に大さじ2の塩が目安)を入れ、パスタをかためにゆでる。

3 フライパンに**1**の⅕量とトマトソース、生クリームを入れて火にかけて温め、塩、こしょうで味をととのえて軽く煮詰める。**2**がゆで上がったら水気をきって加え、さっと煮からめ、Bを加えて乳化させる。器に盛り、Cをふる。

きのこのパスタ

きのこの白ワイン煮込みをクリーム仕立てにした、ごちそうパスタ。家なら、きのこは干ししいたけを戻し汁ごと使っても。

材料 2人分
好みのパスタ(リングイネなど)__200g
A│しいたけ(肉厚のもの・ひと口大に切る)
　│__2パック
　│天然きのこの塩漬け(ミックス/市販品・
　│　塩抜きする)__500g
　│オリーブオイル__½カップ
　│赤唐辛子__1本
　│にんにく(ゆでてつぶす)__2かけ
　│オニオンソテー(市販品)__100g
　│生ハム(みじん切り)__20g
　│白ワイン__1カップ
　│フォンドボー(市販品)__50g
　│塩、パプリカパウダー(あれば)、
　│　__各適量
生クリーム__160cc
B│粉チーズ、バター__各20g
　│オリーブオイル__小さじ1
C│オリーブオイル、粗びきこしょう(黒)、
　│パセリ(みじん切り)、
　│トリュフオイル(あれば)、
　│トリュフ(薄切り・あれば)、
　│パルメザンチーズ(すりおろす)
　│__各適量

つくり方

1 Aの材料できのこの白ワイン煮込みをつくる。フライパンにオリーブオイルと赤唐辛子を入れて中火にかけ、しいたけを加えてよく炒め、塩とパプリカパウダーで味をととのえる。にんにくを加え、香りが立ったらオニオンソテーと生ハムを加え、きのこの塩漬けも加えてさっと炒める。火を止めて白ワインと水適量(分量外)を加え、強火にかけてアルコール分を飛ばし、弱火にしてフォンドボーを加えて軽く煮詰める。バットに移して冷ます(時間があれば、冷蔵庫でひと晩寝かせる)。

2 別の鍋に湯を沸かして塩適量(分量外・2ℓの湯に大さじ2の塩が目安)を入れ、パスタをかためにゆでる。

3 フライパンに**1**の⅕量と生クリームを入れ、火にかけて温める。**2**がゆで上がったら水気をきって加え、さっと煮からめ、Bを加えて乳化させる。器に盛り、Cをふる。

私とアメリカ・ミート

　18歳のときに、アメリカ・カリフォルニアに留学しました。3年間お世話になったホストファミリーの家では、無料で住まわせてもらう代わりに週5日の夕飯づくりをまかされ、スーパーにもよく行きました。でも、売られているのは、見たこともない大きなお肉のかたまりばかり。それまで日本で当たり前のように食べてきた薄切り肉は、どこにも見当たりません。調理法も日本とは異なり、アメリカではオーブンでよくお肉を焼きます。また、戸外でのバーベキューも盛んです。私にとってはカルチャーショックで、何もかもが新鮮でおもしろかったことをよく覚えています。

　その後日本に帰ってきて、どうすればあのかたまりのお肉をおいしく食べられるんだろうと思っていたとき、アメリカン・ミートとの出合いがありました。そして、いろいろ調理をする機会を与えてもらいました。その経験のなかで、アメリカン・ミートには日本のお肉とは違ったおいしさがあることに気がついたのです。ビーフにしてもポークにしても、アメリカン・ミートは国産のお肉と比べて淡泊であっさりしているんですね。以来、そのよさを生かしたレシピを開発してみようと考えました。その過程で、ビーフもポークも脂肪が少なくてタンパク質が多く、ビーフなら鉄分が、ポークならビタミンB群などの栄養が豊富だと学び、これから自分が年を重ねていくなかでも、体に優しいお肉だと感じています。

　アメリカン・ビーフについては、赤身肉であることが大きな特徴です。日本同様に穀物をエサに与えられて育つので、お肉のうま味は和牛に似ているのですが、脂肪が少ないから胃にもたれずに食べやすい。私にとっては、「消化もよく、活力を与えてくれる良質なタンパク源」というイメージです。そのおいしさを生かすには、「ぎりぎりの火入れ」が大切です。まずは、分厚いステーキやローストビーフで味わってみてください。

アメリカン・ビーフについて学んでみる

肉質がジューシーなのはどうして？

おいしい肉質の秘密は飼料に。牧草だけで牛を育てると草を求めて動き回るため、肉質がかたくなってしまいます。アメリカン・ビーフは広大な牧草地で放牧されたのち、肥育場に移動。肥沃な土地で育ったトウモロコシや大豆などの良質な穀物を与えられて飼育されるので、風味のよい適度な脂肪のついたジューシーな肉質になるそうです。

どんな栄養が含まれているの？

良質なタンパク質をはじめ、鉄分や亜鉛など体に必要な栄養素が豊富に含まれています。肉由来の鉄分は「ヘム鉄」といって、吸収率が高いので貧血を予防し、亜鉛は体組織の修復を促す効果が。また、和牛に比べて脂肪が少なく、低カロリーなので、生活習慣病が気になる人やダイエット中の人でも安心して食べられるお肉です。

どのように輸入されるの？

日本に出荷されるのは、米政府機関の厳しいチェックに合格したアメリカン・ビーフのみ。船で約2週間かけて運ばれます。輸送中は徹底した温度管理のもと、0〜4℃のチルド（冷蔵）状態に置かれるため、低温熟成されてうま味がさらにアップ。私たちの食卓に上る頃に食べ頃になるのだそう。

どんな等級があるの？

アメリカン・ビーフは、米国政府の格付け制度によって8等級に分かれています。このうち日本に出荷されているのは、上位3等級。サシ（霜降り）がきれいに入り、味わい、ジューシーさ、やわらかさのすべてにおいて高い品質が認められた「プライム」、味わいとジューシーさのバランスがとれ、日本国内でもっとも流通している「チョイス」、赤身がより多くヘルシーな「セレクト」に分かれます。

どこで買えるの？

アメリカン・ビーフの取扱店は年々増えており、全国のスーパーマーケットで購入できます。主な取扱店は、西友、イトーヨーカドー、コストコ、ダイエー、CGCグループ、ヨークベニマル、イズミ、コモディイイダ、丸久など。実際に販売されている店舗や販売日を確認のうえ、来店してみてください。

ヘルシーなポークも好きです

　アメリカン・ミートと出合ってから、ポークに対するイメージが変わりました。国産のものと比べて価格がリーズナブルなので、そこばかりに目が向きがちですが、じつはヘルシーでとってもおいしいお肉なんです。肉質はもち肌のようにきめ細かく、味わい深い。脂身はあっさりしていて臭みもまったくありません。

　そんなアメリカン・ポークの味の違いがいちばんわかる料理は、とんかつかと思います。ぎりぎりの火入れでほんのりピンクが残るくらいに仕上げると、しっとりジューシーで驚くほどやわらかい。お肉のおいしさって、じつは火入れのタイミングがすべてだったりするんですね。とくにアメリカン・ポークは脂肪が少ないから、高温で調理すると、一瞬にしてタンパク質が固まってかたくなってしまう。だから、低温で優しく火を入れてあげることが大切だと思います。

　アメリカン・ポークならバラ肉もあっさりといただけるし、アメリカ人が好んで食べる脂身の少ないバックリブも、スペアリブとは違うおいしさがあります。また、かたまりで焼けばごちそうになり、値段的にも家計の負担になりにくいので、人を招いておもてなしするときにもおすすめです。

アメリカン・ポークについて学んでみる

肉質がよいのはどうして？

アメリカン・ポークは自然にあふれた肥沃な大地で、生産者自らが育てた良質で栄養豊富な穀物をたっぷり食べて育ちます。また、船で約2週間かけてチルド（冷蔵）輸送される間にも低温でゆっくり熟成していき、うま味が深まります。だからこそ、肉質がきめ細やかで、やわらかくジューシーなアメリカン・ポークのおいしさが生まれるのです。

どのように品質管理されてるの？

「Farm to Table（農場から食卓まで）」の理念のもと、生産・加工・流通の過程で安全性を厳しくチェックし、生産者は豚の病気予防など、品質保証プログラムの規定に沿って飼育。加工業者は高度な安全性を確保するHACCP（ハサップ）システムを導入。日本には食品衛生法の基準をクリアしたアメリカン・ポークだけが出荷されています。

なぜ栄養が豊富なの？

アメリカン・ポークは、衛生管理の行き届いた清潔な豚舎で育てられています。そんな恵まれた環境のなかで育った豚は、ストレス知らずで健康そのもの。また、生産者が飼料の見直しなどを重ねた結果、より栄養バランスに優れた豚の飼育に成功。良質なタンパク質やビタミンB群が豊富で、低脂肪・低カロリーなのが特徴です。

手に入れられる場所は？

アメリカン・ポークの日本の輸入量は、現在、国内で流通している輸入チルド（冷蔵）ポークの約7割を占めており、2005年からNo.1。家庭用はもちろん、レストランでも使われています。主な取扱店は、イオン、イトーヨーカドー、西友、ダイエー、マルエツ、オオゼキ、いなげや、イズミ、ベイシア、山陽マルナカ、ヨークマートなど。

おわりに

　数年という時間をかけて、手塩にかけてつくってきたレシピを、本という形でお届けできて、とてもうれしいです。「みなさんの食卓に、いつも並ぶような定番を。お肉を通じて、食卓に楽しさを」という目線で開発してきたレシピですが、じつはそのきっかけとなったのは、一生懸命に牛や豚を育ててこられた、アメリカン・ミートの畜産農家の方々との出会いです。「大切に育ててきた命を、最後まで輝きのあるものにしてほしい」「食卓に並んで、みなさんに喜んでいただきたい」――そんな畜産農家の方々の思いを聞いたとき、私にできることは「お肉と真剣に向き合うということだ」と思いました。

　とんかつのレシピをつくるにしても、粉は小麦粉がよいのか、コーンスターチがよいのか、天ぷら粉がよいのか……。いろんなトライ＆エラーを経て、よい素材を、よいフィナーレを迎えられるような工夫をしていきたいな、と感じました。

　食べることは生きることなのではないかな、と最近思います。自分のエネルギーを保つということだけでなく、食材の命をいただき、その命を預かって、だれかのためにつくり、喜んでもらい、また次につくろうと思う、そのサイクルに身を置くことなのかなあと。疲れたときは、料理をするなんて面倒だと思うこともあるかもしれないけれど、その面倒なものが人生を彩る美しいもの。貴重な思い出を残してくれる大切な生きるステップなのかな、という気がしています。

　最後になりましたが、こうしてお肉と真剣に向き合うきっかけをくださった米国食肉輸出連合会（USMEF）のみなさま、このレシピを本にしましょうと声をかけてくださった小澤さん、大切なお肉のフィナーレを美しく撮影してくださった川上さんとスタイリストの澤入さん、シックなデザインをしてくださった茂木さん、イラストレーターのまさじさん、そしてすてきなサポートをくださったライターの城石さん、FOOD DAYSのシェフの飯島さんとソムリエの越智さん、おいしい牛や豚を育ててくださっている畜産農家の方々、そしてこの本を手にしてくださったみなさま、本当にありがとうございます。みなさまの食卓の上に、人を喜ばせることのできる、おいしい肉料理が並んだらいいなあ！

２０１８年　春
行正り香

行正り香（ゆきまさ・りか）

1966年、福岡県生まれ。高校時代にアメリカに留学し、カリフォルニア大学バークレー校を卒業。広告代理店勤務を経て、フリーに。料理研究家として活躍する傍ら、東京・新橋でステーキレストラン『FOOD DAYS』を営業し、英語コンテンツ「KARAOKE English」も運営する。著書に『お菓子のある暮らし』（扶桑社刊）、『レシピのいらない和食の本』（講談社刊）など。夫と2人の娘とインコの5人家族
http://fooddays.jp/

FOOD DAYS
〒105-0004 東京都港区 新橋4-10-7　吉田ビル2F
電話 03-3436-9677

月～金　18：00～23：30
土　　　17：30～22：30

（右から）シェフの飯島正志さんとソムリエの越智健太郎さん

肉の本　今夜は、お肉を食べよう。

ブックデザイン	茂木隆行
撮影	川上輝明
写真提供	川上輝明　名取和久　馬場道浩 （五十音順）
スタイリスト	澤入美佳
撮影協力	飯島正志（FOOD DAYS・シェフ） 越智健太郎（FOOD DAYS・ソムリエ）
イラスト	まさじ
校正	小出美由規
取材・文	城石眞紀子
編集	小澤素子
協力	米国食肉輸出連合会 （U.S. Meat Export Federation）

発行日　2018年2月1日　初版第1刷発行
　　　　2020年2月20日　　　第2刷発行

著　者　行正り香
発行者　久保田榮一
発行所　株式会社 扶桑社
　　　　〒105-8070
　　　　東京都港区芝浦1-1-1　浜松町ビルディング
　　　　電話　03-6368-8885（編集）
　　　　　　　03-6368-8891（郵便室）
　　　　www.fusosha.co.jp

印刷・製本　大日本印刷株式会社

定価はカバーに表示してあります。
造本には十分注意しておりますが、落丁・乱丁（本のページの抜け落ちや順序の間違い）の場合は、小社郵便室宛にお送りください。送料は小社負担でお取り替えいたします（古書店で購入したものについては、お取り替えできません）。
なお、本書のコピー、スキャン、デジタル化等の無断複製は著作権法上の例外を除き禁じられています。本書を代行業者等の第三者に依頼してスキャンやデジタル化することは、たとえ個人や家庭内での利用でも著作権法違反です。

©Rika Yukimasa 2018
Printed in Japan
ISBN978-4-594-07888-1